1

CREA

10 ACTIVOS PARA DEJAR DE TRABAJAR

FUENTES DE INGRESOS PASIVOS Y LIBERTAD FINANCIERA

POR RICHARD TEXON

INDICE

Este libro está dedicado a todos aquellos que sueñan con una vida de libertad financiera, a aquellos valientes y emprendedores que se atreven a desafiar la norma y a forjar su propio camino hacia la prosperidad. A nuestras familias y seres queridos que nos inspiran cada día a alcanzar nuestras metas. Y a ti, lector, que has tomado el primer paso en este viaje hacia la independencia financiera.

Que este libro sea tu faro en la búsqueda de un futuro lleno de oportunidades y realización personal.

¡Que la libertad financiera esté siempre a tu alcance!

EL CAMINO HACIA LA LIBERTAD FINANCIERA

En el mundo en constante cambio de hoy, la búsqueda de la libertad financiera se ha convertido en una aspiración común. No es solo el deseo de hacer dinero; es la búsqueda de un estado de tranquilidad, donde el dinero trabaje para nosotros en lugar de ser nosotros quienes trabajamos para él. Es la visión de un futuro en el que nuestras fuentes de ingresos sean múltiples y, en gran medida, independientes de nuestra presencia activa.

A lo largo de este libro, exploraremos ese camino.

Descubriremos cómo construir y aprovechar activos que generen dinero, desde los fundamentos hasta estrategias avanzadas. Desde inversiones financieras y bienes raíces hasta fuentes de ingresos virtuales y creativas. También exploraremos cómo tu propiedad intelectual puede convertirse en una fuente valiosa de riqueza, y cómo los negocios pueden convertirse en tu entrada a un flujo de ingresos seguro.

En estas páginas, te presentaré conceptos, estrategias y ejemplos concretos de lo que puedes hacer para dejar de depender únicamente de tu trabajo diario y crear un futuro financiero más sólido. Pero recuerda, no existe una solución única para todos. Tu camino hacia la libertad financiera será único y requerirá esfuerzo y enfoque. Lo que aprenderás aquí te proporcionará las herramientas para tomar decisiones financieras informadas y perspicaces.

Así que, toma un respiro y prepárate para un viaje que puede transformar tu relación con el dinero. La libertad financiera es un objetivo que se puede alcanzar, y puedes comenzar hoy mismo. Después de todo, el viaje hacia la libertad financiera comienza con el primer paso.

¡Bienvenido a tu viaje hacia la independencia financiera!

Si estás listo para comenzar, avanza hacia el primer capítulo y comencemos este emocionante viaje juntos.

Recuerda, este libro no es solo una fuente de información, sino una herramienta que puedes utilizar para cambiar tu vida financiera. Toma acción y empieza a construir tus fuentes de ingresos pasivos, porque la libertad financiera está al alcance de aquellos que la buscan con determinación.

¡Vayamos juntos en busca de la libertad financiera!

Richard Texon

1.

INTRODUCCIÓN - EL CAMINO HACIA LA LIBERTAD FINANCIERA

El reloj avanza inexorablemente, marcando las horas de nuestras vidas. Cada día, la mayoría de nosotros nos sumergimos en una rutina diaria de trabajo, ya sea en una oficina, una tienda, una fábrica o cualquier otro lugar que nos brinde un medio de vida. Trabajamos duro, a menudo dedicando la mayor parte de nuestro tiempo y energía a estas actividades.

Es cierto que el trabajo es una parte fundamental de la vida. No solo proporciona el sustento que necesitamos para vivir, sino que también puede ser una fuente de satisfacción y realización personal. Sin embargo, ¿qué sucede cuando ese trabajo se convierte en una prisión? Cuando nuestras vidas están atrapadas en un ciclo de trabajo interminable, y la libertad financiera parece un sueño inalcanzable.

Este capítulo es el comienzo de un viaje, un viaje hacia la libertad financiera. Pero, ¿qué es la libertad financiera? En pocas palabras, es la capacidad de mantener tu estilo de vida sin tener que trabajar constantemente para hacerlo. Es la independencia económica que te permite tomar decisiones sin estar limitado por la necesidad de ganar un sueldo para sobrevivir.

La libertad financiera es el anhelo de muchas personas, pero para lograrla, es necesario cambiar la forma en que pensamos y actuamos con respecto al dinero. Debemos dejar atrás la mentalidad de empleado y abrazar la mentalidad de inversor y empresario. Esto no significa que debas renunciar a tu trabajo actual de inmediato, pero sí debes considerar cómo puedes construir fuentes de ingresos adicionales que trabajen para ti, en lugar de que tú trabajes para ellas.

En las páginas siguientes, exploraremos las diferentes fuentes de ingresos pasivos y activos, y te ayudaremos a comprender cómo puedes incorporarlas a tu vida. Desde inversiones financieras y bienes raíces hasta la creación de un blog personal o una aplicación, exploraremos una variedad de activos que pueden generar ingresos. No se trata solo de aprender sobre estas fuentes de ingresos, sino de tomar medidas concretas para incorporarlas a tu vida. Recuerda que no existe un camino único hacia la libertad financiera, ya que cada persona tiene circunstancias y objetivos diferentes. Sin embargo, este libro te proporcionará las herramientas, estrategias y ejemplos necesarios para comenzar a cambiar tu perspectiva financiera y construir un camino hacia la libertad económica.

El primer paso hacia la libertad financiera es un cambio de mentalidad. Deja atrás la idea de que tu única fuente de ingresos debe ser tu trabajo diario. Comprende que, si bien trabajar es esencial, no debe ser tu única fuente de ingresos. La riqueza proviene de tener múltiples fuentes de ingresos que trabajan para ti, incluso cuando no estás activamente involucrado en ellas.

Este cambio de mentalidad te llevará a explorar activamente oportunidades para adquirir activos que generen ingresos, en lugar de pasivos que simplemente consuman tus recursos.

La clave está en comprender la diferencia entre un activo y un pasivo.

La libertad financiera es un viaje que comienza con un solo paso.

¡Bienvenido a este viaje, y comencemos a caminar hacia un futuro en el que el dinero trabaje para ti, no tú para él!

2.

ACTIVOS VS. PASIVOS: EL PODER DE LA DIFERENCIACIÓN

En el capítulo anterior, comenzamos a explorar el concepto de la libertad financiera y cómo puede parecer un sueño inalcanzable para muchos debido a nuestras creencias y actitudes hacia el dinero. Para alcanzar la libertad financiera, es fundamental comprender la diferencia entre activos y pasivos. Este conocimiento es la base de tu camino hacia la independencia económica.

La Diferencia fundamental

Un activo es cualquier recurso que pone dinero en tu bolsillo. Puede ser una inversión, una propiedad, un negocio o cualquier fuente de ingresos que genere beneficios. Los activos trabajan para ti, aumentando tu patrimonio y proporcionándote estabilidad financiera.

En contraste, un pasivo es todo lo que saca dinero de tu bolsillo. Los pasivos son los gastos y deudas que debes pagar regularmente. Los pasivos disminuyen tu patrimonio y te mantienen atrapado en una rutina de trabajar constantemente para cubrir esos gastos.

La diferencia es clara: los activos aumentan tu riqueza, mientras que los pasivos la disminuyen. Los ricos entienden esta distinción y se centran en acumular activos, lo que les permite dejar de trabajar en algún momento sin preocuparse por la falta de ingresos.

Ejemplos de Activos y Pasivos

Para comprender mejor esta distinción, consideremos algunos ejemplos comunes:

- **Bienes Raíces**: Comprar una propiedad y alquilarla genera ingresos mensuales, lo que la convierte en un activo. En contraste, comprar una casa en la que vives, que requiere pagos mensuales de hipoteca y gastos de mantenimiento, es un pasivo.

- **Inversiones Financieras**: Comprar acciones o fondos mutuos que generan dividendos o ganancias de capital es una inversión que pone dinero en tu bolsillo, un activo. Por otro lado, tomar un préstamo personal para comprar un automóvil nuevo es un pasivo, ya que implica pagos mensuales sin ingresos asociados.

- **Negocios**: Tener un negocio exitoso que genera ganancias es un activo. Sin embargo, si tienes un negocio que opera con pérdidas y debes inyectar dinero regularmente, se convierte en un pasivo.

La Clave de la Libertad Financiera

La clave para alcanzar la libertad financiera radica en acumular activos que generen ingresos pasivos. Esto significa que puedes ganar dinero incluso cuando no estás trabajando activamente. A medida que aumenta la cantidad de activos en tu cartera, te acercas cada vez más a la independencia económica.

Es importante destacar que, al principio, es probable que debas equilibrar tus ingresos activos (aquellos generados por tu trabajo diario) y tus ingresos pasivos (provenientes de tus activos). Con el tiempo, el objetivo es que tus ingresos pasivos superen tus ingresos activos, lo que te brindará la libertad de dejar de trabajar si así lo deseas.

Una persona puede lograr vivir de ingresos pasivos cuando ha acumulado suficientes activos que generan ingresos de manera constante y superan sus gastos personales. Esto significa que sus inversiones, propiedades o fuentes de ingresos pasivos, como alquileres, dividendos de acciones o regalías, producen suficiente dinero para cubrir sus necesidades financieras sin requerir una participación activa continua.

El momento en que alguien puede lograr vivir de ingresos pasivos depende de varios factores, como la cantidad de activos que ha acumulado, la rentabilidad de esos activos y sus gastos personales. Algunas personas pueden lograrlo en un período relativamente corto, mientras que otras pueden necesitar años de planificación y acumulación de activos.

El objetivo de alcanzar la libertad financiera a través de ingresos pasivos es permitir que una persona tenga más control sobre su tiempo y estilo de vida, ya que no depende de un empleo tradicional para cubrir sus gastos. Es un objetivo común en la búsqueda de la independencia financiera y la realización de metas personales y financieras.

En este capítulo, hemos establecido la base para tu viaje hacia la libertad financiera al comprender la diferencia fundamental entre activos y pasivos. Comprender esta distinción es esencial para tomar decisiones financieras más inteligentes y trabajar en la acumulación de activos que generen ingresos pasivos.

3.

LOS SECRETOS DE LAS PERSONAS MAS RICAS DEL MUNDO

Adentrémonos en el fascinante mundo de las personas más ricas del planeta. ¿Qué es lo que hace que los multimillonarios sean tan exitosos? ¿Cuáles son los secretos detrás de su riqueza asombrosa? A lo largo de este capítulo, exploraremos las estrategias, hábitos y mentalidad que han llevado a las personas más ricas del mundo a alcanzar sus niveles de riqueza inimaginables.
Los Pilares del Éxito Financiero

Los multimillonarios no se hicieron ricos por casualidad. Tienen una serie de pilares fundamentales que han contribuido a su éxito financiero.

En este capítulo, analizaremos en detalle los siguientes aspectos:

- **La Creación de Múltiples Fuentes de Ingresos**: Descubre cómo los multimillonarios no confían en una sola fuente de ingresos. Exploraremos ejemplos de cómo diversifican sus activos y fuentes de ganancias.

- **La Importancia de la Educación Continua**: La mayoría de los multimillonarios son ávidos aprendices. Investigaremos cómo invierten en su educación y desarrollo personal.

- **El Poder de la Innovación**: ¿Qué papel desempeña la innovación en la acumulación de riqueza? Veremos cómo los multimillonarios han revolucionado industrias enteras a través de ideas innovadoras.

- **La Creación de Redes de Contactos**: El networking es esencial. Exploraremos cómo las relaciones y conexiones sólidas pueden abrir puertas a oportunidades financieras.

- **La Mentalidad del Éxito**: ¿Qué piensan y cómo se comportan los multimillonarios? Profundizaremos en la mentalidad que les permite alcanzar el éxito financiero.

Lecciones de las Historias de Éxito

A lo largo de este capítulo, también compartiremos historias inspiradoras de multimillonarios que han aplicado estos principios para llegar a la cima. Desde Elon Musk hasta Warren Buffett, cada historia proporcionará valiosas lecciones que puedes aplicar en tu camino hacia la libertad financiera.

El Secreto Mejor Guardado

Finalmente, revelaremos el secreto mejor guardado que comparten la mayoría de los multimillonarios y que puede ser un punto de inflexión en tu viaje hacia la riqueza. Prepárate para descubrir el conocimiento que ha transformado la vida de aquellos que han alcanzado la cima de la pirámide financiera.

La Creación de múltiples fuentes de ingresos

Una de las claves fundamentales para alcanzar la libertad financiera es la diversificación de tus fuentes de ingresos. Las personas más ricas del mundo comprenden este principio y lo aplican de manera efectiva. Aquí exploraremos cómo puedes crear múltiples fuentes de ingresos y por qué es tan crucial.

1. Ingresos Activos y Pasivos:

Primero, es importante comprender la diferencia entre los ingresos activos y pasivos. Los ingresos activos son aquellos que ganas intercambiando tu tiempo y esfuerzo por dinero, como tu salario en un trabajo convencional. Los ingresos pasivos, por otro lado, son aquellos que llegan sin que tengas que trabajar de manera activa para ganarlos. La creación de múltiples fuentes de ingresos pasivos es esencial para liberarte de la dependencia de tu tiempo y trabajo.

2. La Estrategia de Diversificación:

La clave para crear múltiples fuentes de ingresos es diversificar. No pongas todos tus huevos en una sola canasta. En lugar de depender de un solo trabajo, busca oportunidades para invertir, emprender y crear. Esto te protegerá en caso de que una fuente de ingresos se vea afectada.

3. Comienza Pequeño y Aprende:

No necesitas crear todas tus fuentes de ingresos pasivos de la noche a la mañana. Comienza poco a poco, aprendiendo a medida que avanzas. Por ejemplo, podrías comenzar invirtiendo en acciones o creando un blog en tu tiempo libre.

Con el tiempo, a medida que adquieras experiencia y conocimiento, podrás diversificar aún más.

4. La Importancia del Tiempo:

La creación de múltiples fuentes de ingresos no es un proceso que dé resultados de inmediato. Requiere tiempo, paciencia y esfuerzo continuo. Pero con perseverancia, puedes lograr una mayor seguridad financiera y, finalmente, la libertad financiera.

La diversificación de tus fuentes de ingresos es una estrategia que te permitirá alcanzar la libertad financiera y disfrutar de una vida con menos preocupaciones económicas. Las personas más ricas del mundo han aplicado esta estrategia con éxito, y tú también puedes hacerlo.

La Importancia de la Educación Continua

La educación no termina cuando obtienes un título o diploma, sino que debe ser un proceso continuo a lo largo de tu vida. Aquí abordaremos la importancia de la educación continua en tu búsqueda de libertad financiera.

1. Adaptación a un Mundo Cambiante:

Vivimos en una era de cambios constantes, especialmente en lo que respecta a la tecnología, la economía y las tendencias de mercado. La educación continua te permite mantenerte actualizado y adaptarte a estos cambios. Ya sea que trabajes en una profesión específica o emprendas tu propio negocio, la capacitación constante te brinda las habilidades y el conocimiento necesarios para tener éxito en un entorno en constante evolución.

2. Desarrollo de Habilidades:

La educación continua te brinda la oportunidad de desarrollar y mejorar tus habilidades. Puedes aprender nuevas habilidades relevantes para tu campo o adquirir competencias adicionales que te hagan más versátil y valioso en el mercado laboral. Por ejemplo, si estás interesado en inversiones financieras, la educación continua te permitirá aprender estrategias de inversión actualizadas.

3. Aumento de la Confianza:

A medida que adquieres más conocimientos y habilidades, también aumenta tu confianza en tus capacidades. Esto es crucial, ya que la confianza en ti mismo te permite tomar decisiones financieras informadas y asumir desafíos que te acerquen a tus objetivos de libertad financiera.

4. Acceso a Oportunidades:

La educación continua puede abrir nuevas oportunidades para ti. Ya sea en tu trabajo actual, en busca de un nuevo empleo o emprendiendo un negocio propio, las habilidades y el conocimiento adicionales que obtienes a través de la educación te hacen más atractivo para los empleadores y los socios comerciales.

5. La Educación Como Inversión:

Es importante ver la educación continua como una inversión en ti mismo. Si bien puede requerir tiempo y, a veces, dinero, a menudo se traduce en un mayor potencial de ingresos y oportunidades a largo plazo. La educación es una de las mejores inversiones que puedes hacer en tu vida.

6. Desarrollo Personal:

La educación no solo se trata de adquirir habilidades profesionales, sino también de crecimiento personal. A medida que aprendes y te desafías a ti mismo, experimentas un crecimiento significativo. Este crecimiento no solo te beneficia en términos financieros, sino que también mejora tu calidad de vida en general.

7. La Educación en la Búsqueda de la Libertad Financiera:

La educación continua es una parte integral de tu camino hacia la libertad financiera. A medida que aumentas tus conocimientos financieros y adquieres nuevas habilidades, estás mejor preparado para tomar decisiones inteligentes de inversión y generar fuentes de ingresos pasivos.

La educación continua es una inversión en ti mismo que te prepara para prosperar en un mundo en constante cambio. A medida que buscas la libertad financiera, recuerda que la educación es una de las herramientas más poderosas a tu disposición.

El Poder de la Innovación

La innovación desempeña un papel fundamental en la creación de fuentes de ingresos pasivos y la búsqueda de la libertad financiera. Aquí exploraremos cómo la innovación puede impulsar tu camino hacia la independencia financiera.

1. Identificar Necesidades no Satisfechas:

La innovación comienza con la identificación de necesidades no satisfechas en el mercado. Estas necesidades pueden ser problemas cotidianos que las personas enfrentan, ya sea en sus vidas personales o profesionales. La clave es encontrar oportunidades para abordar estas necesidades de manera única y efectiva.

2. Desarrollar Soluciones Creativas:

Una vez que identificas una necesidad no satisfecha, la siguiente etapa de la innovación implica desarrollar soluciones creativas. Esto puede incluir la creación de un nuevo producto, servicio o enfoque que resuelva el problema de manera más eficiente o efectiva que las soluciones existentes.

3. Aportar Valor a las Personas:

La innovación se trata de aportar valor a las personas. Cuando ofreces una solución que mejora la vida de los demás de alguna manera, estás en camino de crear una fuente de ingresos pasivos. Las personas están dispuestas a pagar por productos o servicios que satisfagan sus necesidades y les brinden beneficios.

4. Escalabilidad:

La innovación exitosa suele ser escalable. Esto significa que puedes llevar tu idea a una audiencia más amplia sin incurrir en costos significativos adicionales. La escalabilidad es fundamental para la creación de fuentes de ingresos pasivos, ya que te permite generar ingresos continuos a medida que llegas a más personas.

5. Diversificación de Ingresos:

La innovación también te brinda la oportunidad de diversificar tus fuentes de ingresos. Puedes explorar diferentes ideas innovadoras en paralelo y crear múltiples fuentes de ingresos pasivos. Esta diversificación te protege de posibles riesgos y aumenta tus oportunidades financieras.

6. Perseverancia:

La innovación a menudo implica enfrentar desafíos y obstáculos. La perseverancia es esencial para superar estos desafíos y llevar tu idea innovadora al mercado. No todos los intentos de innovación serán exitosos, pero la perseverancia puede llevar a la creación de activos financieros significativos.

7. Ejemplos de Innovación Financiera:

La innovación financiera ha dado lugar a numerosas fuentes de ingresos pasivos en la actualidad. Ejemplos incluyen plataformas de inversión automatizada, aplicaciones de inversión en línea, programas de afiliados y más. Estas innovaciones han democratizado el acceso a oportunidades financieras y permitido que las personas generen ingresos pasivos.

8. La Innovación y la Libertad Financiera:

A medida que incorporas la innovación en tu enfoque hacia la libertad financiera, puedes crear activos financieros que generen ingresos pasivos a lo largo del tiempo. La capacidad de identificar oportunidades no satisfechas y desarrollar soluciones creativas es un activo valioso en tu búsqueda de independencia financiera.

La innovación es un impulsor fundamental en la creación de fuentes de ingresos pasivos. Al identificar necesidades no satisfechas, desarrollar soluciones creativas y aportar valor a las personas, puedes construir activos financieros que te acerquen a tus metas de libertad financiera. La innovación es la fuerza que impulsa el progreso y la prosperidad en el mundo financiero actual.

La Creación de Redes de Contactos

La construcción de una sólida red de contactos es esencial en el camino hacia la independencia financiera y la generación de ingresos pasivos. Aquí exploraremos cómo puedes desarrollar y aprovechar tus conexiones personales y profesionales para construir activos financieros.

1. Identificar Personas Clave:

El primer paso en la creación de una red de contactos efectiva es identificar a personas clave que pueden contribuir a tu camino hacia la libertad financiera. Estas personas pueden incluir empresarios exitosos, inversores, mentores y profesionales con experiencia en tu industria o campo de interés.

2. Establecer Relaciones Significativas:

No se trata solo de la cantidad de contactos que tienes, sino de la calidad de las relaciones. En lugar de buscar una gran cantidad de conexiones superficiales, enfócate en establecer relaciones significativas con personas que comparten tus objetivos y valores. La confianza y la colaboración son fundamentales.

3. Aprender de los Demás:

Una red de contactos sólida te brinda la oportunidad de aprender de los demás. Puedes obtener información valiosa, consejos y orientación de aquellos que ya han recorrido el camino hacia la independencia financiera. Aprovecha la experiencia y el conocimiento de tus contactos.

4. Colaboración y Oportunidades:

Tu red de contactos puede ser una fuente de oportunidades de colaboración. La colaboración con otros puede llevar a la creación de activos financieros compartidos, como proyectos empresariales o inversiones conjuntas. Juntos, pueden generar ingresos pasivos de manera más efectiva.

5. Acceso a Recursos:

A medida que amplías tu red, también accedes a recursos y conexiones que de otro modo no estarían disponibles. Estos recursos pueden incluir financiamiento, conocimientos especializados, acceso a mercados y más. Todos estos son activos que pueden impulsar tu independencia financiera.

6. Mantener el Contacto:

La construcción de una red de contactos no se trata solo de agregar nombres a una lista. Mantener el contacto regular con tus conexiones es esencial. Participa en reuniones, eventos y actividades relevantes en tu industria. Mantén comunicación a través de correos electrónicos, llamadas y reuniones personales.

7. Diversificación de la Red:

Diversificar tu red de contactos es importante. No te limites a un solo grupo o industria. Busca conexiones en diferentes campos y disciplinas. La diversificación de tu red te expone a una amplia gama de oportunidades y perspectivas.

8. Utilizar la Tecnología:

Hoy en día, la tecnología facilita la construcción de redes de contactos. Plataformas en línea, redes sociales y aplicaciones profesionales te permiten conectarte con personas de todo el mundo. Aprovecha estas herramientas para expandir tu red.

9. Estrategia a Largo Plazo:

La creación de una red de contactos efectiva es una estrategia a largo plazo. No esperes resultados inmediatos, ya que las relaciones sólidas se construyen con el tiempo. La inversión en tus conexiones personales y profesionales eventualmente dará sus frutos en forma de activos financieros.

10. La Red y la Libertad Financiera:

Una red de contactos sólida te brinda acceso a oportunidades, recursos y conocimientos que son fundamentales en la creación de fuentes de ingresos pasivos. Al colaborar con personas que comparten tus objetivos, puedes acelerar tu progreso hacia la independencia financiera.

La creación de redes de contactos efectivas es una parte integral de tu viaje hacia la libertad financiera. A través de relaciones significativas, colaboración y acceso a recursos, puedes construir activos financieros que te ayuden a alcanzar tus metas financieras y generar ingresos pasivos a lo largo del tiempo. Tu red es un activo valioso en tu búsqueda de independencia financiera.

La Mentalidad del Éxito

La mentalidad juega un papel crucial en la búsqueda de la independencia financiera y la generación de ingresos pasivos. Aquí exploraremos cómo desarrollar una mentalidad orientada al éxito y la importancia de creer en tus capacidades.

1. Creer en Ti Mismo:

La creencia en uno mismo es fundamental para alcanzar el éxito financiero. Debes tener confianza en tus habilidades y en tu capacidad para aprender y crecer. La autoestima y la seguridad en ti mismo son la base de una mentalidad exitosa.

2. Establecer Metas Claras:

Una mentalidad exitosa implica la capacidad de establecer metas claras y alcanzables. Define lo que deseas lograr en términos de independencia financiera y fuentes de ingresos pasivos. Establecer metas te brinda un sentido de propósito y dirección.

3. Enfocarse en el Aprendizaje Continuo:

Aquellos con una mentalidad exitosa están constantemente buscando oportunidades de aprendizaje y crecimiento. Están dispuestos a adquirir nuevos conocimientos y habilidades para mejorar sus capacidades y alcanzar sus metas financieras.

4. Resiliencia ante los Obstáculos:

En el camino hacia la independencia financiera, te encontrarás con desafíos y obstáculos. Una mentalidad exitosa implica la capacidad de superar adversidades y no darse por vencido. La resiliencia te permite persistir a pesar de los contratiempos.

5. Enfoque en Soluciones:

En lugar de centrarse en los problemas, aquellos con una mentalidad exitosa se enfocan en encontrar soluciones. Ven los desafíos como oportunidades para crecer y desarrollar nuevas estrategias.

6. Aprender del Fracaso:

El fracaso es una parte inevitable de cualquier camino hacia el éxito. Aquellos con una mentalidad exitosa no temen al fracaso, sino que lo ven como una oportunidad de aprendizaje. Cada revés es una lección que los acerca más a sus metas.

7. Visualización y Positivismo:

La visualización es una técnica poderosa. Aquellos con una mentalidad exitosa pueden verse a sí mismos alcanzando la independencia financiera y disfrutando de fuentes de ingresos pasivos. Además, mantienen un enfoque positivo, lo que atrae oportunidades y energía positiva.

8. Toma de Decisiones Informada:

Una mentalidad exitosa implica tomar decisiones informadas y estratégicas. En lugar de actuar por impulso, evalúan cuidadosamente las opciones y consideran las consecuencias a largo plazo.

9. Responsabilidad Personal:

Asumir la responsabilidad de tus acciones es una parte clave de una mentalidad exitosa. En lugar de culpar a otros o a circunstancias externas, reconocen su capacidad para influir en su propio destino financiero.

10. Persistencia y Paciencia:

El camino hacia la independencia financiera y los ingresos pasivos puede ser largo y desafiante. Aquellos con una mentalidad exitosa muestran persistencia y paciencia, trabajando de manera constante hacia sus metas a pesar de las dificultades.

Una mentalidad exitosa es esencial en la búsqueda de la independencia financiera y la generación de ingresos pasivos. Creer en uno mismo, establecer metas, aprender continuamente y mantener una actitud positiva son componentes clave de esta mentalidad. A través de la resiliencia y la persistencia, puedes superar obstáculos y avanzar hacia el éxito financiero.

Tu mentalidad es un activo valioso en tu viaje hacia la independencia financiera.

Elon Musk: El Visionario de la Tecnología

Elon Musk es un nombre que resuena en todo el mundo debido a su enfoque visionario y su influencia en múltiples industrias. A menudo se le describe como un empresario y un inventor audaz, y es ampliamente conocido por ser el cofundador de Tesla, SpaceX y PayPal. Su historia es un testimonio del poder de la innovación y el espíritu emprendedor.

Musk se ha destacado por su compromiso con la sostenibilidad y su visión de un futuro impulsado por la energía renovable y la exploración espacial. Ha trabajado incansablemente para llevar vehículos eléctricos accesibles al mercado a través de Tesla y ha desafiado la idea de que solo los gobiernos pueden llevar a cabo misiones espaciales a través de SpaceX.

Su lección clave para aquellos que buscan la libertad financiera es la importancia de la innovación y la resolución de problemas. Musk no solo sueña en grande, sino que también se dedica a convertir esos sueños en realidad.

Warren Buffett: El Oráculo de Omaha

Warren Buffett es una de las figuras más respetadas en el mundo de las inversiones. Conocido como "El Oráculo de Omaha", es el presidente y director ejecutivo de Berkshire Hathaway, una de las compañías más grandes del mundo. Buffett es un inversionista value, lo que significa que busca compañías con buenas perspectivas a largo plazo y las mantiene durante décadas.

Su filosofía de inversión se basa en principios sólidos y simples, como invertir en lo que comprende y mantener inversiones a largo plazo. Buffett también es un firme defensor de la educación y la mejora continua. Ha leído incansablemente a lo largo de su vida y atribuye gran parte de su éxito a su conocimiento acumulado.

Una de las lecciones clave que Buffett comparte con aquellos que buscan la libertad financiera es la importancia de la paciencia y la inversión a largo plazo. No se trata de ganar dinero rápidamente, sino de construir riqueza de manera constante y sostenible a lo largo del tiempo.

El Secreto Mejor Guardado

En tu búsqueda de independencia financiera y fuentes de ingresos pasivos, existe un secreto que ha sido celosamente guardado por la mayoría de los multimillonarios. Este secreto puede marcar un punto de inflexión en tu viaje hacia la riqueza y transformar tu vida de maneras inimaginables. Prepárate para descubrir este conocimiento valioso que ha sido clave para aquellos que han alcanzado la cima de la pirámide financiera.

El Poder de la Creación de Valor

El secreto mejor guardado de los multimillonarios es su comprensión profunda del poder de la creación de valor. En lugar de centrarse únicamente en acumular riqueza, estos individuos han construido imperios financieros al ofrecer soluciones y beneficios reales a las personas.

La creación de valor implica identificar las necesidades y deseos de la sociedad y desarrollar productos o servicios que satisfagan esas demandas de manera efectiva. Esto va más allá de la simple acumulación de activos y dinero; se trata de aportar algo significativo al mundo.

Los Pilares de la Creación de Valor

- *Identificación de Problemas y Oportunidades*: Los multimillonarios están constantemente buscando problemas por resolver y oportunidades para mejorar la vida de las personas. Esta mentalidad orientada a la solución les permite identificar áreas donde pueden marcar la diferencia.

- *Innovación y Creatividad*: La creación de valor a menudo implica encontrar formas innovadoras de abordar problemas comunes. Los multimillonarios son conocidos por su creatividad y disposición a cuestionar el status quo.

- *Enfoque en la Calidad*: La excelencia es un principio fundamental de la creación de valor. Aquellos que han alcanzado la cima financiera se destacan por ofrecer productos y servicios de alta calidad que realmente benefician a las personas.

- *Estrategia a Largo Plazo*: La creación de valor no es una búsqueda de ganancias a corto plazo, sino una estrategia a largo plazo. Los multimillonarios están dispuestos a invertir tiempo y recursos en la construcción de soluciones sostenibles y duraderas.

La Transformación Personal

Entender y aplicar el poder de la creación de valor no solo puede llevar a la independencia financiera, sino que también transforma tu perspectiva sobre el éxito. Dejas de medir tu riqueza solo en términos de dinero y comienzas a valorar la contribución positiva que haces al mundo.

Al adoptar este secreto mejor guardado, te conviertes en un agente de cambio y contribuyes al progreso de la sociedad. Tu búsqueda de fuentes de ingresos pasivos se convierte en un viaje de significado y propósito, donde el éxito financiero es solo una parte de la ecuación.

En los capítulos siguientes, profundizaremos en cómo puedes aplicar el poder de la creación de valor en tu vida y cómo este conocimiento puede impulsar tu camino hacia la independencia financiera. Estás a punto de adentrarte en un mundo de posibilidades que te permitirá no solo alcanzar la riqueza, sino también dejar un legado significativo.

4.

COMENZANDO URGENTE: EL MOMENTO ES AHORA

En busca de Libertad Financiera: Un Viaje Transformador

La búsqueda de la libertad financiera es un viaje transformador que puede cambiar radicalmente tu vida. En este capítulo, exploraremos la urgencia de comenzar este viaje y cómo el momento presente es la clave para el éxito. La libertad financiera es un sueño compartido por muchas personas, pero pocos se atreven a dar el primer paso.

¿Estás listo para cambiar tu vida y comenzar tu viaje hacia la independencia financiera?

¡Sigue leyendo para descubrir cómo hacerlo!

El Tiempo es un Activo Preciado

Uno de los activos más valiosos que poseemos es el tiempo. Cada día que pasa es una oportunidad perdida para avanzar hacia la libertad financiera. El tiempo es limitado, y es importante aprovecharlo al máximo. Cuanto antes comiences tu viaje hacia la independencia financiera, más tiempo tendrás para alcanzar tus metas.

Rompiendo la Rutina

Muchas personas se quedan atrapadas en la rutina diaria de trabajar en un empleo convencional. Se despiertan, van a trabajar, regresan a casa y repiten el ciclo día tras día. Esta rutina puede ser cómoda, pero rara vez conduce a la libertad financiera. Comenzar un negocio o invertir en activos que generen ingresos pasivos es una forma efectiva de romper con esta rutina y tomar el control de tu vida.

La Importancia de la Acción

La procrastinación es el enemigo de la libertad financiera. Muchas personas posponen sus sueños y metas, pensando que algún día los alcanzarán. Sin embargo, la acción inmediata es esencial para lograr el éxito financiero. El primer paso es el más importante, y cuanto antes lo des, más cerca estarás de tus objetivos.

Transforma tus Finanzas Personales

Para comenzar en el camino hacia la libertad financiera, es crucial transformar tus finanzas personales. Esto implica comprender tus ingresos, gastos, deudas y patrones de gasto. La planificación financiera es esencial para tomar el control de tu dinero y asegurarte de que estás trabajando hacia tus metas financieras.

La Magia de los Ingresos Pasivos

Los ingresos pasivos son el pilar de la libertad financiera. Son ingresos que fluyen a tu cuenta sin requerir un esfuerzo constante de tu parte. Invertir en activos que generen ingresos pasivos, como bienes raíces, inversiones en bolsa o negocios en línea, te permite construir una base financiera sólida.

10 Activos para Dejar de Trabajar

A lo largo de este libro, exploraremos en detalle 10 activos que pueden ayudarte a dejar de trabajar y alcanzar la independencia financiera. Desde inversiones en bienes raíces hasta la creación de tu propio negocio en línea, cada capítulo te acercará a tu objetivo de liberarte de las cadenas del empleo tradicional.

No Hay Excusas

No importa tu edad o situación actual, nunca es demasiado tarde para comenzar tu viaje hacia la libertad financiera. Este capítulo te insta a dejar de lado las excusas y tomar el control de tu futuro financiero. No esperes más para comenzar, el momento es ahora.

Conclusión

Comenzar en el camino hacia la libertad financiera es un paso transformador que puede cambiar tu vida de maneras inimaginables. El tiempo es un activo valioso, y cuanto antes tomes acción, más cerca estarás de tus metas. Rompe con la rutina, transforma tus finanzas personales y descubre la magia de los ingresos pasivos. Este libro te guiará a través de 10 activos que te ayudarán a dejar de trabajar y alcanzar la independencia financiera. No hay excusas, el momento es ahora. ¡Tu viaje hacia la libertad financiera comienza hoy!

Realiza estas preguntas

1. ¿Cuándo es el mejor momento para comenzar en el camino hacia la libertad financiera?

El mejor momento para comenzar es ahora. Cada día que pasa es una oportunidad perdida.

2. ¿Cómo puedo transformar mis finanzas personales?

Comienza por comprender tus ingresos, gastos, deudas y patrones de gasto. Luego, crea un plan financiero sólido.

3. ¿Cuáles son algunos ejemplos de ingresos pasivos?

Inversiones en bienes raíces, acciones, negocios en línea y regalías son ejemplos de ingresos pasivos.

4. ¿Puedo lograr la libertad financiera sin dejar mi trabajo actual?

Sí, es posible lograr la libertad financiera sin dejar tu trabajo actual. Muchas personas comienzan con inversiones en su tiempo libre.

5. ¿Qué hago si he pospuesto mis metas financieras durante mucho tiempo?

Deja de postergar y toma acción. El primer paso es el más importante, y nunca es demasiado tarde para comenzar.

PARTE I:
ACTIVOS FINANCIEROS

5.
INVERSIONES EN INSTRUMENTOS FINANCIEROS

entro del apasionante mundo de las inversiones, los instrumentos financieros se destacan como una de las opciones más versátiles y accesibles para aquellos que buscan expandir su patrimonio. En este capítulo, exploraremos en profundidad las inversiones en instrumentos financieros y cómo puedes aprovechar estas herramientas para alcanzar tus metas financieras.

Comprendiendo los Instrumentos Financieros

Los instrumentos financieros son contratos que representan un valor monetario y pueden ser negociados en los mercados financieros. Estos instrumentos se utilizan para canalizar fondos entre inversores y emisores. Algunos de los instrumentos financieros más comunes incluyen acciones, bonos, fondos mutuos y fondos indexados.
A continuación, analizaremos estas opciones en detalle:

1. Acciones:

Las acciones representan la propiedad de una parte de una empresa. Cuando compras acciones, te conviertes en accionista y tienes derecho a una parte de las ganancias de la empresa. Las acciones pueden ofrecer potencial de crecimiento a largo plazo y la posibilidad de recibir dividendos.

2. Bonos:

Los bonos son valores de deuda emitidos por gobiernos o empresas. Cuando compras bonos, esencialmente le estás prestando dinero al emisor a cambio de pagos regulares de interés y la devolución del valor nominal del bono en la fecha de vencimiento.

3. Fondos Mutuos:

Los fondos mutuos son vehículos de inversión que reúnen el dinero de varios inversores para comprar una cartera diversificada de acciones, bonos u otros valores. Los gestores de fondos profesionales administran estas carteras.

4. Fondos Indexados:

Los fondos indexados son una forma de fondos mutuos que buscan replicar el desempeño de un índice de referencia, como el S&P 500. Estos fondos ofrecen una inversión diversificada y suelen tener costos más bajos que los fondos gestionados activamente.

Beneficios de Invertir en Instrumentos Financieros

Invertir en instrumentos financieros puede ofrecer una serie de beneficios que hacen que esta sea una opción atractiva para los inversores:

1. Diversificación:
Invertir en una variedad de instrumentos financieros te permite diversificar tu cartera y reducir el riesgo. Si una inversión no rinde como se esperaba, otras pueden compensar esa pérdida.

2. Acceso a los Mercados Globales:

Los instrumentos financieros te permiten invertir en empresas y mercados de todo el mundo. Puedes acceder a oportunidades de inversión internacionales sin la necesidad de comprar activos extranjeros directamente.

3. Liquidez:

La mayoría de los instrumentos financieros son líquidos, lo que significa que puedes comprar y venderlos con relativa facilidad. Esto te brinda flexibilidad para ajustar tu cartera según tus necesidades.

4. Profesionalismo:

Cuando inviertes en fondos mutuos o fondos indexados, cuentas con la experiencia de gestores profesionales que toman decisiones de inversión en tu nombre. Esto puede ser especialmente beneficioso si no tienes experiencia en inversiones.

Estrategias de Inversión en Instrumentos Financieros

Al invertir en instrumentos financieros, es fundamental tener una estrategia.
Algunas estrategias comunes incluyen:

1. Inversión a Largo Plazo:

Invertir con un horizonte a largo plazo implica comprar instrumentos financieros con la intención de mantenerlos durante muchos años. Esta estrategia puede ser adecuada para quienes buscan el crecimiento de sus inversiones con el tiempo.

2. Inversión para Ingresos:

Si estás buscando generar ingresos pasivos, puedes invertir en bonos o acciones que ofrezcan dividendos. Los pagos regulares pueden proporcionarte una fuente de efectivo adicional.

3. Diversificación:
La diversificación es una estrategia clave para reducir el riesgo. Al distribuir tus inversiones en diferentes clases de activos, puedes protegerte contra movimientos adversos en un mercado específico.

Conclusión

Invertir en instrumentos financieros es una forma accesible y versátil de construir tu patrimonio y alcanzar tus metas financieras.

Ya sea que busques crecimiento a largo plazo, ingresos pasivos o una forma de diversificar tu cartera, estos instrumentos ofrecen numerosas oportunidades. Sin embargo, es esencial comprender los riesgos y tener una estrategia sólida antes de comenzar tu viaje de inversión.

Recuerda que la inversión conlleva riesgos, y es aconsejable buscar asesoramiento financiero antes de tomar decisiones importantes.

No pierdas la oportunidad de explorar el emocionante mundo de los instrumentos financieros y llevar tu inversión al siguiente nivel.

Realiza estas preguntas

1. ¿Cuánto dinero necesito para comenzar a invertir en instrumentos financieros?

El monto inicial puede variar según el tipo de instrumento financiero y el corredor que elijas. Algunos fondos mutuos, por ejemplo, permiten inversiones iniciales relativamente bajas.

2. ¿Cuál es la diferencia entre un fondo mutuo y un fondo indexado?

La principal diferencia radica en la gestión. Los fondos mutuos son gestionados activamente por profesionales que toman decisiones de inversión. Los fondos indexados, en cambio, buscan replicar el desempeño de un índice sin una gestión activa.

3. ¿Cuánto debo diversificar mi cartera?

La diversificación es una estrategia clave para reducir el riesgo. La cantidad de diversificación necesaria dependerá de tus objetivos financieros y tu tolerancia al riesgo. Es recomendable diversificar en diferentes clases de activos y regiones geográficas.

4. ¿Cómo puedo elegir los instrumentos financieros adecuados para mis objetivos?

La elección de los instrumentos financieros depende de tus metas financieras personales. Es aconsejable buscar asesoramiento financiero para seleccionar los instrumentos que se ajusten a tus necesidades y perfil de riesgo.

5. ¿Cuál es la diferencia entre acciones comunes y preferentes?

Las acciones comunes otorgan a los accionistas derechos de voto en la empresa y la posibilidad de recibir dividendos, pero tienen menos prioridad en caso de quiebra. Las acciones preferentes ofrecen ciertas ventajas, como pagos de dividendos preferentes, pero a menudo no otorgan derechos de voto.

Comprar acciones: Tu ingreso en el mercado de valores

En el emocionante mundo de las finanzas, una de las formas más prometedoras de invertir y construir tu patrimonio es a través de la compra de acciones. Ya sea que seas un principiante o un inversor experimentado, entender cómo comprar acciones y cómo funcionan en el mercado de valores es esencial.

Comprendiendo el Mercado de Valores

El mercado de valores es como un gigantesco supermercado financiero. En lugar de comprar alimentos o productos electrónicos, aquí compras una pequeña parte de las empresas. Efectivamente, te conviertes en propietario de una pequeña parte de esa empresa. Si la empresa tiene éxito, tus acciones valdrán más, y si la empresa paga dividendos, recibirás una parte de las ganancias.

Beneficios de Comprar Acciones

Invertir en acciones ofrece una serie de ventajas que pueden ayudarte a lograr tus metas financieras. Algunos de los beneficios clave incluyen:

1. Potencial de Crecimiento:
Cuando compras acciones, tienes la oportunidad de ver tu inversión crecer con el tiempo. Si eliges las acciones adecuadas, puedes disfrutar de un aumento en el valor de tus activos con el tiempo.

2. Ingreso Pasivo:
Algunas empresas comparten sus ganancias contigo en forma de dividendos. Esto te proporciona una fuente de ingresos pasivos que puedes usar para financiar tus gastos o

reinvertir.

3. Diversificación:
Invertir en una variedad de acciones te permite diversificar tu cartera, lo que puede ayudarte a reducir el riesgo. Si una acción baja de valor, tus otras inversiones pueden compensar esa pérdida.

4. Acceso a Empresas de Calidad:
Al comprar acciones, tienes la oportunidad de ser dueño de una parte de empresas líderes en su industria. Puedes invertir en gigantes tecnológicos, empresas de consumo, empresas farmacéuticas y más.

Pasos para Comenzar a Comprar Acciones

Entrar en el mundo de las inversiones en acciones es más sencillo de lo que parece. Aquí hay algunos pasos clave que debes seguir:

1. Educación:
Antes de comenzar, invierte tiempo en educarte sobre cómo funciona el mercado de valores. Comprende los conceptos básicos, como las diferencias entre acciones de crecimiento y acciones de valor, cómo leer informes financieros y la importancia de la diversificación.

2. Establece Objetivos:
Define tus objetivos de inversión. ¿Estás buscando ingresos pasivos a largo plazo o esperas ganancias a corto plazo? Comprender tus objetivos te ayudará a tomar decisiones más informadas.

3. Selecciona un Corredor:
Elige una plataforma de corretaje confiable para comprar y vender acciones. Asegúrate de que ofrezcan herramientas de investigación y un proceso de inversión fácil de usar.

4. Diversificación:

No coloques todos tus activos en la misma empresa o industria. La diversificación es clave para reducir el riesgo y aumentar las posibilidades de éxito.

5. Inversión Continua:

La inversión en acciones es a menudo un proceso a largo plazo. Realiza inversiones regulares y continúa educándote sobre el mercado de valores.

Conclusión

Comprar acciones es un camino emocionante hacia la independencia financiera. Como propietario de acciones, puedes beneficiarte del crecimiento de las empresas y generar ingresos pasivos a lo largo del tiempo. Sin embargo, es importante recordar que todas las inversiones conllevan riesgos.

Antes de comprar acciones, investiga y comprende el mercado de valores. En los siguientes subcapítulos, exploraremos más opciones de activos y estrategias para tu viaje hacia la independencia financiera.

Hazte estas preguntas

1. ¿Puedo comprar acciones de cualquier empresa?

Sí, en general, puedes comprar acciones de empresas que cotizan en bolsa. Sin embargo, es importante investigar y seleccionar empresas en función de tus objetivos de inversión.

2. ¿Cuánto dinero necesito para comenzar a comprar acciones?

El monto mínimo varía según el corredor y la empresa. Algunos corredores permiten inversiones iniciales con cantidades relativamente bajas, lo que facilita la entrada al mercado de valores.

3. ¿Cuánto tiempo debería mantener mis inversiones en acciones?

El horizonte de inversión puede variar según tus objetivos. Algunos inversores optan por mantener sus acciones a largo plazo, mientras que otros pueden preferir un enfoque a corto plazo. El tiempo que decidas dependerá de tus metas financieras personales y tu tolerancia al riesgo.

Fondos Mutuos y ETF: Diversificación Inteligente

A medida que continuamos explorando el fascinante mundo de la inversión, es esencial adentrarnos en dos vehículos financieros populares: los fondos mutuos y los fondos cotizados en bolsa (ETF, por sus siglas en inglés).

Estas opciones de inversión ofrecen una manera inteligente y accesible de diversificar tu cartera, lo que puede ser fundamental para la gestión del riesgo y el crecimiento a largo plazo. En esta sección, desglosaremos en detalle qué son los fondos mutuos y los ETF, cómo funcionan y cómo pueden beneficiar a los inversores.

Fondos Mutuos: Un Enfoque Colaborativo

Los fondos mutuos son vehículos de inversión que reúnen el dinero de varios inversores y lo utilizan para comprar una cartera diversificada de acciones, bonos u otros valores.

Estos fondos son gestionados por profesionales, lo que significa que los gestores toman decisiones de inversión en nombre de los inversores. Aquí hay algunas características clave de los fondos mutuos:

- **Diversificación**: Uno de los principales beneficios de los fondos mutuos es la diversificación. Al invertir en un fondo, automáticamente tienes exposición a una amplia variedad de activos, lo que ayuda a distribuir el riesgo.

- **Acceso a Gestores Profesionales**: Los gestores de fondos son expertos en mercados financieros. Su experiencia y análisis son fundamentales para tomar decisiones de inversión acertadas.

- **Liquidez**: Los fondos mutuos son generalmente líquidos, lo que significa que puedes comprar y vender tus participaciones a precios calculados diariamente.

- **Inversión Inicial Variada**: Puedes invertir en fondos mutuos con una inversión inicial variada, lo que los hace accesibles para una amplia gama de inversores.

Fondos Cotizados en Bolsa (ETF): Flexibilidad y Eficiencia

Los ETF son una forma de fondo de inversión y seguimiento de índice que se negocia en bolsa, similar a una acción. Estas son algunas de las características clave de los ETF:

- **Replicación de Índices**: Los ETF buscan replicar el desempeño de un índice de referencia específico, como el S&P 500. Esto significa que cuando compras un ETF, estás invirtiendo en una cartera que sigue las mismas inversiones que el índice.

- **Negociación en Bolsa**: A diferencia de los fondos mutuos, los ETF se negocian en bolsa durante el horario de mercado. Puedes comprar y vender ETF a lo largo del día a precios cambiantes.

- **Diversificación**: Al igual que los fondos mutuos, los ETF ofrecen diversificación. Al invertir en un ETF, obtienes acceso a una canasta de activos diversificada.

- **Costos Eficientes**: Los ETF suelen tener costos de administración más bajos en comparación con los fondos mutuos gestionados activamente.

Beneficios de Invertir en Fondos Mutuos y ETF

La elección entre fondos mutuos y ETF dependerá de tus objetivos de inversión y preferencias personales. Aquí hay algunas ventajas comunes de ambos:

- **Diversificación**: Ambos vehículos ofrecen diversificación, lo que ayuda a reducir el riesgo de pérdida en tu cartera.

- **Acceso a Mercados Globales**: Tanto los fondos mutuos como los ETF permiten el acceso a una amplia gama de mercados globales y clases de activos.

- **Gestión Profesional**: Los fondos mutuos son gestionados activamente por expertos, mientras que los ETF siguen índices de referencia específicos.

- **Liquidez**: Tanto los fondos mutuos como los ETF son generalmente líquidos y permiten la compra y venta con relativa facilidad.

- **Inversión Inicial Variada**: Ambos vehículos ofrecen opciones de inversión inicial variadas, lo que facilita el acceso a inversores de diferentes perfiles.

Estrategias de Inversión Inteligente

A la hora de invertir en fondos mutuos o ETF, es fundamental tener una estrategia sólida. Algunas estrategias comunes incluyen:

- **Diversificación**: Utiliza fondos mutuos y ETF para diversificar tu cartera y reducir el riesgo.

- **Inversión a Largo Plazo**: Considera invertir en fondos mutuos o ETF con un horizonte a largo plazo para aprovechar el potencial de crecimiento.

- **Investigación**: Investiga los fondos y ETF disponibles para elegir los que se adapten a tus objetivos y tolerancia al riesgo.

- **Reequilibrio**: A medida que tus objetivos cambien, considera ajustar tu cartera mediante el reequilibrio de tus inversiones.

Preguntas Frecuentes

1. ¿Cuál es la diferencia entre un fondo mutuo y un ETF?

La principal diferencia radica en su estructura y forma de negociación. Los fondos mutuos son gestionados activamente y se compran y venden al final del día a precios calculados. Los ETF se negocian en bolsa a lo largo del día y buscan replicar índices de referencia.

2. ¿Cuánto cuesta invertir en fondos mutuos y ETF?

Los costos varían según el fondo o ETF específico. Los fondos mutuos pueden tener cargos por compra o venta, así como gastos de administración anuales. Los ETF suelen tener menores gastos de administración, pero incurren en comisiones de corretaje al comprar y vender.

3. ¿Cuánto tiempo debo mantener una inversión en fondos mutuos o ETF?

El tiempo que debes mantener una inversión dependerá de tus objetivos. Sin embargo, la inversión a largo plazo a menudo ofrece mayores oportunidades de crecimiento.

4. ¿Puedo perder dinero al invertir en fondos mutuos o ETF?

Sí, al igual que cualquier inversión, los fondos mutuos y ETF conllevan riesgos y es posible perder dinero. La diversificación y una estrategia sólida pueden ayudar a mitigar estos riesgos.

5. ¿Cuál es el proceso para comprar un ETF o un fondo mutuo?

Para comprar fondos mutuos, generalmente debes comunicarte directamente con la empresa de gestión del fondo o a través de un corredor. Los ETF se compran y venden a través de corredores en bolsa, de manera similar a las acciones.

En el próximo capítulo, exploraremos otras formas de inversión, como los bienes raíces y la inversión en tu propio conocimiento.

Bonos: Obtén Rendimientos con Seguridad

Los bonos son una clase de activos de inversión que a menudo se pasan por alto, pero que desempeñan un papel fundamental en la construcción de una cartera diversificada y equilibrada. En este capítulo, exploraremos qué son los bonos, cómo funcionan y por qué pueden ser una opción atractiva para los inversores que buscan rendimientos seguros.

¿Qué Son los Bonos?

Los bonos son valores de deuda emitidos por gobiernos, empresas u otras entidades para recaudar capital. Cuando compras un bono, esencialmente estás prestando dinero al emisor a cambio de pagos de intereses regulares y la devolución del capital al vencimiento.
Aquí hay algunas características clave de los bonos:

- **Intereses**: Los bonos generan pagos de intereses regulares, que suelen realizarse semestral o anualmente.

- **Vencimiento**: Cada bono tiene una fecha de vencimiento en la que el emisor debe devolver el capital al inversor. Los bonos pueden tener vencimientos a corto, mediano o largo plazo.

- **Calificación de Crédito**: Los bonos se califican en función de la solidez financiera del emisor. Las calificaciones van desde "grado de inversión" hasta "alto rendimiento" (también conocidos como bonos basura).

- **Diversificación**: Al igual que otros activos, los bonos ofrecen diversificación a tu cartera. Puedes invertir en bonos gubernamentales, corporativos, municipales, entre otros.

Rendimientos y Seguridad

Los bonos son conocidos por ofrecer rendimientos regulares y seguridad a los inversores. Veamos por qué son atractivos desde ambas perspectivas:

Rendimientos Regulares: Cuando compras un bono, recibes pagos de intereses periódicos, lo que te brinda una fuente predecible de ingresos. Estos pagos pueden ser especialmente atractivos para aquellos que buscan estabilidad financiera o ingresos complementarios.

Seguridad del Capital: Aunque ningún activo está completamente libre de riesgos, los bonos suelen considerarse inversiones más seguras en comparación con las acciones u otros activos más volátiles. La devolución del capital al vencimiento es una característica que atrae a inversores que desean proteger su inversión principal.

Tipos de Bonos

Hay varios tipos de bonos disponibles, y cada uno tiene sus propias características. Algunos de los tipos de bonos más comunes incluyen:

- **Bonos del Gobierno**: Emitidos por gobiernos nacionales o locales. Los bonos del gobierno suelen considerarse muy seguros y ofrecen pagos de intereses regulares.

- **Bonos Corporativos**: Emitidos por empresas. Estos bonos pueden variar en términos de riesgo y rendimiento, según la solidez financiera de la empresa emisora.

- **Bonos Municipales**: Emitidos por gobiernos locales, como municipios o condados. A menudo, los intereses de estos bonos están exentos de impuestos federales.

- **Bonos del Tesoro**: Emitidos por el gobierno federal. Los bonos del Tesoro de los Estados Unidos se consideran de bajo riesgo y ofrecen una amplia gama de opciones de vencimiento.

Estrategias de Inversión en Bonos

Invertir en bonos puede ser parte de una estrategia de inversión equilibrada. Aquí hay algunas estrategias comunes:

- **Diversificación**: Al igual que con otros activos, la diversificación es clave. Considera la posibilidad de tener una variedad de bonos en tu cartera, incluidos bonos del gobierno y corporativos.

- **Horizonte de Inversión**: Define tus objetivos de inversión. Algunos inversores optan por bonos a corto plazo para necesidades financieras inmediatas, mientras que otros pueden invertir en bonos a largo plazo como parte de su jubilación.

- **Revisión de Calificaciones**: Investiga la calificación de crédito de los bonos en los que estás interesado. Las calificaciones proporcionan información sobre la solidez financiera del emisor.

Preguntas Frecuentes

1. ¿Cuál es la diferencia entre un bono y una acción?

La principal diferencia radica en la estructura de la inversión. Los bonos son valores de deuda que generan pagos de intereses regulares y devuelven el capital al vencimiento. Las acciones representan una participación en la propiedad de una empresa y no generan pagos de intereses.

2. ¿Los bonos son siempre seguros?

Si bien los bonos se consideran inversiones más seguras en comparación con las acciones, todavía conllevan riesgos. La seguridad depende en gran medida de la calificación de crédito del emisor y de las condiciones del mercado.

3. ¿Cuál es la diferencia entre los bonos del gobierno y los bonos corporativos?

Los bonos del gobierno son emitidos por entidades gubernamentales y se consideran más seguros. Los bonos corporativos son emitidos por empresas y pueden tener un mayor nivel de riesgo, pero también ofrecen rendimientos potencialmente más altos.

4. ¿Cuál es el plazo adecuado para invertir en bonos?

El plazo adecuado depende de tus objetivos y necesidades financieras. Algunos inversores optan por bonos a corto plazo para liquidez, mientras que otros eligen bonos a largo plazo para la jubilación.

5. ¿Puedo vender mis bonos antes de su vencimiento?

Sí, muchos bonos son negociables en el mercado secundario, lo que te permite venderlos antes del vencimiento. Sin embargo, el precio de venta puede variar según las condiciones del mercado.

En el próximo capítulo, exploraremos otra forma de inversión apreciada por muchos: los bienes raíces.

PARTE II:
INVERSIONES INMOBILIARIAS

6.
BIENES RAÍCES: INGRESOS MENSUALES SÓLIDOS

Invertir en bienes raíces ha sido una estrategia popular durante décadas, y por una buena razón. Los bienes raíces ofrecen la oportunidad de generar ingresos mensuales sólidos a través del alquiler de propiedades.

En este capítulo, exploraremos por qué los bienes raíces son una opción atractiva para aquellos que buscan estabilidad financiera y cómo puedes empezar a construir tu cartera de propiedades.

La Belleza de los Ingresos por Alquiler

La inversión en bienes raíces, en particular a través del alquiler de propiedades, puede proporcionar una fuente constante de ingresos mensuales. Veamos algunas de las ventajas clave de esta estrategia:

1. Flujo de Efectivo Constante: Cuando alquilas una propiedad, los inquilinos te pagan un alquiler regularmente, lo que te brinda un flujo de efectivo predecible. Esto puede ser especialmente atractivo para cubrir gastos y generar ingresos adicionales.

2. Estabilidad Financiera: A diferencia de las inversiones más volátiles, como las acciones, los bienes raíces tienden a ser menos susceptibles a las fluctuaciones diarias del mercado. Esto puede proporcionar una mayor estabilidad a tu cartera.

3. *Diversificación:* Los bienes raíces ofrecen una forma adicional de diversificar tu cartera de inversiones. Tener una mezcla de activos puede ayudar a reducir el riesgo general.

4. *Potencial de Apreciación:* Además de los ingresos por alquiler, es posible que la propiedad aumente de valor con el tiempo, lo que podría generar ganancias adicionales si decides vender en el futuro.

Tipos de Propiedades

Cuando se trata de invertir en bienes raíces, hay una variedad de tipos de propiedades entre los que puedes elegir.

Algunos de los más comunes incluyen:

1. Residencial: Esto incluye casas unifamiliares, apartamentos y condominios que se alquilan a familias o individuos.

2. Comercial: Los bienes raíces comerciales, como locales comerciales, oficinas y almacenes, pueden generar ingresos sólidos si encuentras inquilinos a largo plazo.

3. Vacacional: Propiedades destinadas al alquiler vacacional, como casas de playa o cabañas de montaña, son populares en destinos turísticos.

4. Multifamiliares: Edificios de apartamentos y complejos de viviendas ofrecen la oportunidad de albergar a múltiples inquilinos bajo un mismo techo.

Claves para el Éxito

Invertir en bienes raíces puede ser una excelente fuente de ingresos, pero también requiere una gestión adecuada.

Aquí hay algunas claves para el éxito:

1. Ubicación: La ubicación de tu propiedad es fundamental. Investiga áreas con demanda de alquiler y potencial de apreciación.

2. Mantenimiento: Mantén tu propiedad en buenas condiciones. Un mantenimiento adecuado puede atraer a inquilinos de calidad y reducir la rotación.

3. Contratos Sólidos: Asegúrate de contar con contratos de alquiler sólidos que protejan tus derechos y los de tus inquilinos.

4. Conoce las Leyes Locales: Familiarízate con las leyes de alquiler locales para garantizar que estás cumpliendo con todas las regulaciones.

Preguntas Frecuentes

1. ¿Qué es el flujo de efectivo de una propiedad de alquiler?

El flujo de efectivo es la diferencia entre los ingresos generados por una propiedad de alquiler (alquiler) y los gastos asociados (hipoteca, impuestos, seguros, mantenimiento, etc.).

2. ¿Cuántas propiedades de alquiler debo poseer?

El número de propiedades que debes poseer depende de tus objetivos financieros y tu capacidad de gestión. Algunas personas empiezan con una sola propiedad y luego expanden su cartera.

3. ¿Cómo encuentro inquilinos para mi propiedad?

Existen diversas plataformas en línea, agencias inmobiliarias y redes de contactos para ayudarte a encontrar inquilinos adecuados.

4. ¿Cuál es la diferencia entre bienes raíces residenciales y comerciales?

Los bienes raíces residenciales se utilizan para vivienda, mientras que los comerciales se utilizan con fines comerciales, como tiendas o oficinas.

5. ¿Los bienes raíces son una inversión a largo plazo?

Sí, muchas personas consideran los bienes raíces como una inversión a largo plazo debido a la estabilidad y al potencial de apreciación.

7.
ALQUILER A CORTO PLAZO: EXPLOTA EL POTENCIAL AIRBNB

Alquiler a Corto Plazo: Explota el Potencial de AIRBNB

En la era digital, la economía compartida se ha convertido en una tendencia importante. Uno de los aspectos más destacados de esta economía es el alquiler a corto plazo, y Airbnb es el líder indiscutible en esta categoría.

En este capítulo, exploraremos cómo puedes aprovechar esta plataforma para generar ingresos pasivos.

El Auge de Airbnb

Airbnb ha revolucionado la forma en que las personas viajan y encuentran alojamiento. Lo que comenzó como una idea innovadora en 2008 se ha convertido en un gigante de la industria del alquiler a corto plazo.

Pero, ¿cómo puedes aprovechar este auge y convertirte en un anfitrión exitoso?

1. Preparación de tu Espacio: El primer paso es preparar tu espacio para recibir huéspedes. Asegúrate de que esté limpio, bien amueblado y equipado con comodidades básicas. Cuanto mejor sea la presentación de tu espacio, más atractivo será para los huéspedes.

2. *Fotos de Alta Calidad:* Las imágenes son la primera impresión que los posibles huéspedes tienen de tu espacio. Asegúrate de tomar fotos de alta calidad que muestren tu alojamiento de la mejor manera posible. La buena iluminación y la presentación ordenada son clave.

3. *Descripción Detallada:* Proporciona una descripción detallada de tu espacio, incluyendo el número de habitaciones, camas, baños y cualquier característica especial. Sé honesto acerca de lo que ofreces y destaca lo que hace que tu espacio sea único.

4. *Precios Competitivos:* Investiga los precios de alojamientos similares en tu área y establece tarifas competitivas. Puedes ajustar los precios según la temporada y los eventos locales.

5. *Comunicación Clara:* La comunicación con los huéspedes es esencial. Responde rápidamente a las consultas y proporciona información detallada sobre el proceso de registro, las reglas de la casa y las comodidades disponibles.

Generando Ingresos Pasivos

El alquiler a corto plazo a través de Airbnb te brinda la oportunidad de generar ingresos pasivos de varias maneras:

1. Ocupación Continua: Al atraer a huéspedes de manera regular, puedes mantener una alta tasa de ocupación de tu espacio, lo que se traduce en ingresos constantes.

2. Tarifas Adaptables: Puedes ajustar tus tarifas según la demanda. Durante las temporadas altas o eventos locales, puedes aumentar tus precios para maximizar tus ganancias.

3. Ingresos Extras: Además de las tarifas de alojamiento, puedes ofrecer servicios adicionales, como desayuno, limpieza o visitas guiadas por un costo adicional.

4. Calificaciones y Comentarios: Mantener una buena reputación en Airbnb es clave. Los huéspedes satisfechos dejarán comentarios positivos, lo que atraerá a más visitantes a tu espacio.

Consideraciones Importantes

Aunque el alquiler a corto plazo puede ser una fuente lucrativa de ingresos pasivos, hay algunas consideraciones importantes que debes tener en cuenta:

1. Regulaciones Locales:
Investiga las regulaciones locales sobre el alquiler a corto plazo en tu área. Algunas ciudades tienen restricciones o requisitos específicos.

2. Limpieza y Mantenimiento:
Mantener tu espacio limpio y en buenas condiciones requiere tiempo y esfuerzo. Asegúrate de estar preparado para esta responsabilidad.

3. Seguro:
Verifica si tu póliza de seguro de vivienda cubre el alquiler a corto plazo. Es posible que necesites una cobertura adicional.

Airbnb ofrece una oportunidad emocionante para generar ingresos pasivos y conocer a personas de todo el mundo.

Con la preparación adecuada y un enfoque sólido, puedes aprovechar al máximo esta plataforma y disfrutar de los beneficios financieros que ofrece.

En el próximo capítulo, exploraremos otra forma de generar ingresos pasivos a través de la creación de cursos en línea. ¡ Prepárate para descubrir cómo compartir tu conocimiento puede convertirse en una fuente estable de riqueza!

Preguntas Frecuentes

¿Cuánto puedo ganar con Airbnb?

El potencial de ganancias varía según la ubicación, la calidad de tu espacio y la demanda. Algunos anfitriones generan ingresos significativos.

¿Necesito ser propietario para ser anfitrión en Airbnb?

No necesitas ser propietario de una propiedad para ser anfitrión en Airbnb. Algunos anfitriones alquilan propiedades que gestionan.

¿Qué pasa si un huésped causa daños a mi propiedad?

Airbnb ofrece un programa de garantía de anfitrión que puede cubrir daños causados por huéspedes, sujeto a ciertas condiciones.

¿Cuánto tiempo se queda normalmente un huésped en Airbnb?

La duración de la estancia de los huéspedes puede variar, pero en general, las estancias cortas son comunes en Airbnb.

¿Cómo puedo destacar en Airbnb?

La presentación, la comunicación eficiente y las tarifas competitivas son clave para destacar en Airbnb.

PARTE III:
ACTIVOS VIRTUALES Y CREATIVOS

8.
CREACIÓN DE CONTENIDO ONLINE

En la era digital, la creación de contenido en línea se ha convertido en una fuente sólida de ingresos pasivos. Ya sea que desees compartir tus conocimientos, habilidades o pasiones, el mundo digital ofrece numerosas oportunidades para monetizar tu contenido.

En este capítulo, exploraremos cómo puedes embarcarte en este emocionante viaje y convertir tu creatividad en una fuente de ingresos pasivos.

Los Cimientos de la Creación de Contenido

Antes de sumergirte en el mundo de la creación de contenido en línea, es importante comprender los elementos fundamentales que sustentan este campo.

Aquí hay algunas consideraciones clave:

1. Encuentra tu Pasión: El primer paso es identificar tus intereses y pasiones. ¿Qué te apasiona? ¿Sobre qué tema disfrutas investigando, escribiendo o hablando? Tu pasión será un impulsor importante de tu éxito en la creación de contenido.

2. Público Objetivo: Define a quién te diriges con tu contenido. Comprender a tu público objetivo te ayudará a crear contenido relevante y atractivo que resuene con ellos.

3. Plataformas de Contenido: Existen diversas plataformas en las que puedes compartir tu contenido. Algunas de las más populares incluyen blogs, canales de YouTube, podcasts y redes sociales. Elige la plataforma que mejor se adapte a tu estilo y contenido.

4. Consistencia: La consistencia es clave en la creación de contenido. Establece un calendario de publicación y cúmplelo. Esto ayudará a construir una audiencia fiel.

5. Calidad sobre Cantidad: Si bien la consistencia es importante, la calidad de tu contenido es aún más crucial. Ofrece contenido valioso y bien investigado que resuelva problemas o satisfaga las necesidades de tu audiencia.

Monetización de tu Contenido

Una vez que hayas establecido tu presencia en línea y atraído a una audiencia, llega el momento de monetizar tu contenido.

Aquí hay algunas estrategias comunes para hacerlo:

1. Publicidad y Patrocinios: Puedes ganar dinero a través de la publicidad en tu sitio web, canal de YouTube o podcast. Las empresas pueden pagar por anunciar en tu contenido. Además, los patrocinadores pueden asociarse contigo para promocionar sus productos o servicios.

2. Marketing de Afiliados: El marketing de afiliados te permite promocionar productos o servicios de terceros y ganar comisiones por cada venta generada a través de tus enlaces de afiliado.

3. Venta de Productos o Servicios Propios: Si tienes productos o servicios propios, como libros electrónicos, cursos en línea o consultoría, puedes promocionarlos a tu audiencia y generar ingresos directos.

4. Membresías y Contenido Exclusivo: Ofrece contenido exclusivo a tus seguidores a cambio de una tarifa de membresía. Esto puede incluir contenido adicional, descargas, asesoramiento personalizado o acceso a una comunidad exclusiva.

5. Donaciones y Crowdfunding: Algunos creadores de contenido recurren a plataformas de donaciones o crowdfunding, como Patreon, donde los seguidores pueden apoyar financieramente su trabajo.

Construyendo tu Audiencia

La creación de contenido en línea exitosa depende en gran medida de la construcción y el compromiso de una audiencia.

Aquí hay algunas estrategias para cultivar tu base de seguidores:

1. Interacción con la Audiencia: Responde a los comentarios y mensajes de tus seguidores. La interacción crea un vínculo más fuerte con tu audiencia.

2. Colaboraciones: Colabora con otros creadores de contenido en tu nicho. Las colaboraciones pueden ayudarte a llegar a nuevas audiencias.

3. Promoción en Redes Sociales: Comparte tu contenido en redes sociales para aumentar su visibilidad. Utiliza hashtags relevantes y etiqueta a personas influyentes en tu campo.

4. Optimización para Motores de Búsqueda (SEO):
Asegúrate de que tu contenido esté optimizado para los motores de búsqueda. Esto ayudará a que nuevos seguidores encuentren tu contenido.

5. Ofrece Valor Consistente: Continúa ofreciendo contenido valioso y relevante. La calidad de tu contenido mantendrá a tu audiencia comprometida y atraerá a nuevos seguidores.

En el emocionante mundo de la creación de contenido en línea, las posibilidades son infinitas. A medida que compartes tus conocimientos y pasiones con el mundo, también puedes construir un flujo constante de ingresos pasivos.

Prepárate para dar el salto y comienza tu viaje hacia la libertad financiera a través de la creación de contenido en línea.

Preguntas Frecuentes

¿Cuánto tiempo se necesita para construir una audiencia en línea?

El tiempo necesario varía según varios factores, como tu nicho y tu dedicación. La consistencia y la calidad son clave.

¿Cuál es la plataforma de creación de contenido más adecuada para mí?

La elección de la plataforma depende de tus fortalezas y preferencias. Puedes explorar varias y ver cuál se adapta mejor a tu estilo.
¿Necesito conocimientos técnicos para comenzar a crear contenido en línea?

No necesitas ser un experto técnico. Las plataformas en línea suelen ser amigables para principiantes, y puedes aprender a medida que avanzas.

¿Cuándo puedo empezar a monetizar mi contenido en línea?

La monetización puede comenzar tan pronto como tengas una audiencia sólida. Sin embargo, la construcción de una audiencia generalmente es la primera prioridad.

¿Cómo promociono mi contenido en redes sociales de manera efectiva?

Utiliza estrategias de promoción en redes sociales, como la programación de publicaciones y la participación en comunidades relevantes.

Blog Personal: Tu Voz en la Web

Los blogs personales se han convertido en una plataforma poderosa para que individuos de todo el mundo compartan sus pensamientos, conocimientos, experiencias y pasiones.

La creación y el mantenimiento de un blog personal no solo te brindan una voz en la web, sino que también pueden convertirse en una fuente de ingresos pasivos.

En este capítulo, exploraremos cómo puedes empezar tu propio blog personal y aprovecharlo al máximo.

Iniciar un Blog Personal

Iniciar un blog personal es más sencillo de lo que parece. Aquí tienes los pasos básicos para comenzar:

1. Elige tu Nicho: Decide sobre el tema o nicho de tu blog. ¿Sobre qué te apasiona escribir? Ya sea viajes, comida, tecnología, estilo de vida, literatura o cualquier otro tema, la elección es tuya.

2. Elige una Plataforma: Hay varias plataformas de blogs disponibles, como WordPress, Blogger y Medium. Investiga cuál se adapta mejor a tus necesidades y habilidades técnicas.

3. Registra un Dominio: Elige un nombre de dominio que sea representativo de tu blog y que sea fácil de recordar. Registra tu dominio a través de un servicio de hosting.

4. Diseña tu Blog: Personaliza el aspecto y la estructura de tu blog. Utiliza plantillas y temas que reflejen tu estilo y el enfoque de tu contenido.

5. Crea Contenido Valioso: Comienza a escribir y publicar contenido de calidad en tu blog. Ofrece información valiosa, consejos, opiniones y experiencias que interesen a tu audiencia.

6. Construye una Audiencia: Promociona tu blog en redes sociales, foros y comunidades en línea. Interactúa con tus lectores y fomenta la participación.

Monetización de tu Blog Personal

Una vez que hayas establecido tu blog personal y atraído a una audiencia, puedes explorar diversas estrategias de monetización:

1. Publicidad en tu Blog:
Puedes ganar dinero mediante la publicidad en tu blog. Programas como Google AdSense te permiten mostrar anuncios relevantes a tu audiencia.

2. Marketing de Afiliados:

Promociona productos o servicios relacionados con tu nicho a través de enlaces de afiliados. Ganas comisiones por cada venta generada desde tu blog.

3. Productos o Servicios Propios:

Si tienes productos o servicios relacionados con tu nicho, puedes venderlos a tu audiencia. Esto puede incluir libros electrónicos, cursos en línea, consultoría o mercancía.

4. Membresías o Contenido Exclusivo:

Ofrece contenido exclusivo a tus seguidores a cambio de una tarifa de membresía mensual. Esto puede fortalecer tu relación con los lectores y generar ingresos recurrentes.

5. Colaboraciones y Patrocinios:

A medida que tu blog crece, puedes colaborar con marcas y empresas que deseen promocionar sus productos o servicios a tu audiencia.

Claves del Éxito

El éxito de tu blog personal dependerá en gran medida de tu pasión, consistencia y compromiso. Aquí hay algunos consejos para el camino:

- **Sé Auténtico**: Muestra tu personalidad y voz auténtica en tu blog. Los lectores aprecian la autenticidad.

- **Publica Regularmente**: Mantén un calendario de publicación regular para mantener a tus lectores comprometidos.
- **Aprende y Evoluciona**: La blogosfera es dinámica. Continúa aprendiendo sobre SEO, marketing y las tendencias de tu nicho.

- **Construye una Comunidad**: Fomenta la interacción y construye una comunidad en torno a tu blog. Responde a los comentarios y crea un espacio acogedor.

- **Diversifica tus Fuentes de Ingresos**: No dependas únicamente de una fuente de ingresos. Explora diversas estrategias de monetización.

Un blog personal es una plataforma versátil que te permite compartir tu pasión y conocimientos con el mundo mientras generas ingresos pasivos.

Aprovecha esta oportunidad para darle vida a tu voz en la web y trabajar hacia tu libertad financiera.

Podcasts y Videos: Monetiza tu Pasión por Hablar

En la era digital, el contenido de audio y video se ha vuelto más popular que nunca. Los podcasts y los videos en línea son formas efectivas de compartir tu pasión, conocimientos e ideas con una audiencia global.

Además, ofrecen excelentes oportunidades para generar ingresos pasivos. En este capítulo, exploraremos cómo puedes crear podcasts y videos que no solo te permitan expresarte, sino también monetizar tu pasión por hablar.

Creando un Podcast

Los podcasts son una forma versátil de compartir contenido de audio en línea. Aquí tienes los pasos básicos para crear tu propio podcast:

1. Elige tu Tema:
Decide sobre el tema o nicho de tu podcast. Asegúrate de que sea algo que te apasione y que atraiga a tu audiencia objetivo.

2. Equipo y Software:
Adquiere un buen micrófono y auriculares para garantizar una calidad de audio óptima. Luego, elige el software de grabación y edición que mejor se adapte a tus necesidades.

3. Grabación y Edición:
Comienza a grabar tus episodios. Sé claro, conciso y mantén a tus oyentes comprometidos. Luego, edita tu contenido para eliminar errores y mejorar la calidad.

4. Hospedaje del Podcast:
Utiliza servicios de hospedaje de podcasts para cargar y distribuir tus episodios en plataformas populares como Apple Podcasts, Spotify y Google Podcasts.

5. Promoción y Construcción de Audiencia:
Promociona tus episodios en las redes sociales y otras plataformas. Interactúa con tus oyentes y fomenta la participación.

Monetización de tu Podcast

Una vez que hayas establecido tu podcast y atraído a una audiencia fiel, puedes explorar diversas formas de monetización:

1. Publicidad y Patrocinios: Busca anunciantes o empresas dispuestas a patrocinar tus episodios. Puedes ganar dinero mostrando anuncios al principio o durante tu podcast.

2. Membresías y Donaciones: Ofrece contenido exclusivo a tus oyentes a cambio de una tarifa de membresía mensual. También puedes aceptar donaciones de tus seguidores.

3. Venta de Productos o Servicios: Promociona tus propios productos o servicios relacionados con tu nicho a lo largo de tus episodios.

4. Merchandising: Crea y vende mercancía relacionada con tu podcast, como camisetas, tazas o pegatinas.

Creando Videos en Línea

Los videos en línea han ganado una gran popularidad en plataformas como YouTube, Vimeo y TikTok.

Aquí tienes los pasos básicos para crear tus propios videos:

1. Elige tu Plataforma: Decide en qué plataforma deseas publicar tus videos. YouTube es la opción más popular para contenido de video, pero otras plataformas también pueden ser viables.

2. Equipo y Software: Adquiere una cámara de buena calidad y micrófono para garantizar una excelente calidad de video y audio. Elige un software de edición de video para mejorar la calidad de tus videos.

3. Crea Contenido Atractivo: Planifica tus videos y asegúrate de que sean informativos, entretenidos y relevantes para tu audiencia. Sé auténtico y muestra tu personalidad.

4. Edición y Publicación: Edita tus videos para eliminar errores y mejorar su calidad visual. Luego, publícalos en tu plataforma elegida.

Monetización de tus Videos

Así como con los podcasts, puedes monetizar tus videos de varias formas:

1. Publicidad en Videos:
Permite que se muestren anuncios en tus videos a través de programas de publicidad en línea como Google AdSense.

2. Marketing de Afiliados:
Promociona productos o servicios a través de enlaces de afiliados en la descripción de tus videos. Ganas comisiones por ventas.

3. Venta de Productos o Servicios:
Promociona tus productos o servicios a lo largo de tus videos. Aprovecha los videos para mostrar lo que ofreces.

4. Membresías de Canal:
Algunas plataformas permiten a los creadores de contenido ofrecer membresías de canal a sus seguidores a cambio de contenido exclusivo y ventajas.

5. Colaboraciones y Patrocinios:
Colabora con otras marcas o creadores de contenido en tus videos y obtén ingresos a cambio.

Claves del Éxito

La consistencia y la calidad son clave para el éxito de tus podcasts y videos.

Aquí tienes algunos consejos adicionales:

- **Investiga y Planifica**: Investiga tu nicho y planifica tus contenidos con antelación.

- **Sé Auténtico**: Muestra tu personalidad y autenticidad en tus podcasts y videos.

- **Interactúa con tu Audiencia**: Responde a los comentarios y crea una comunidad en torno a tu contenido.

- **Experimenta y Aprende**: No temas experimentar con nuevos formatos y enfoques para mantener a tu audiencia comprometida.

La creación de podcasts y videos es una forma emocionante de compartir tus pasiones y ganar ingresos pasivos. Así que, ¡aprovecha tu habilidad para hablar y comparte tus ideas con el mundo!

Redes Sociales: Instagram, TikTok y Más

Las redes sociales se han convertido en una parte fundamental de la vida en línea y en la cultura contemporánea.
Plataformas como Instagram, TikTok y otras ofrecen a las personas la oportunidad de conectarse, compartir su vida y pasiones, y, lo que es más importante para nuestro tema, generar ingresos pasivos. En este capítulo, exploraremos cómo puedes aprovechar estas plataformas para monetizar tu presencia en línea.

Instagram: Comparte tu Estilo de Vida

Instagram es una plataforma centrada en la imagen, lo que la convierte en el lugar ideal para mostrar tu estilo de vida y tus intereses.

Aquí tienes algunos pasos para comenzar a ganar dinero en Instagram:

1. Elige tu Nicho: Decide sobre un nicho que te apasione y en el que tengas experiencia. Puede ser moda, viajes, comida, fitness o cualquier otro tema.

2. Crea Contenido de Calidad: Publica fotos y videos de alta calidad que muestren tu estilo de vida y tu conocimiento en tu nicho.

3. Construye tu Audiencia: Aumenta tus seguidores interactuando con otros usuarios, utilizando hashtags relevantes y promocionando tu cuenta en otras redes sociales.

4. Colabora con Marcas: A medida que tu audiencia crezca, las marcas pueden pagar por publicaciones patrocinadas o colaboraciones.

5. Utiliza Enlaces de Afiliados: Promociona productos relacionados con tu nicho y gana comisiones por cada venta a través de enlaces de afiliados.

TikTok: Tu Plataforma de Contenido Creativo

TikTok se ha convertido en un fenómeno en línea debido a su enfoque en videos cortos y creativos.

Aquí hay pasos clave para monetizar tu presencia en TikTok:

1. Crea Contenido Atractivo:
Publica videos creativos y entretenidos que se destaquen en la plataforma.

2. Utiliza Tendencias y Desafíos:
Únete a las tendencias y desafíos populares para aumentar tu visibilidad.

3. Interactúa con tu Audiencia:
Responde a los comentarios y fomenta la participación de tus seguidores.

4. Colabora con Marcas:
A medida que ganes seguidores, las marcas pueden pagar por promociones en tus videos.

5. Ofrece Contenido Exclusivo:
Considera ofrecer contenido exclusivo a través de suscripciones pagadas en la plataforma.

Otras Plataformas

Además de Instagram y TikTok, existen muchas otras redes sociales que pueden ofrecer oportunidades de ingresos pasivos.

Algunas opciones incluyen YouTube para videos más largos, Pinterest para contenido visual, y Twitter para compartir pensamientos y enlaces.

Claves del Éxito

Para tener éxito en las redes sociales, ten en cuenta los siguientes consejos:

- **Calidad sobre Cantidad**: Es preferible tener contenido de alta calidad que atraiga a tu audiencia.

- **Consistencia**: Publica regularmente para mantener a tu audiencia comprometida.

- **Interacción**: Responde a los comentarios y mensajes de tus seguidores.

- **Autenticidad**: Muestra tu personalidad y sé auténtico en tu contenido.

- **Aprendizaje Continuo**: Mantente al tanto de las últimas tendencias y cambios en las redes sociales.

La monetización de las redes sociales requiere tiempo y esfuerzo, pero puede ser una forma gratificante de generar ingresos pasivos mientras compartes tus intereses y estilo de vida con el mundo. ¡Así que, aprovecha estas plataformas para ganar dinero mientras haces lo que amas!

9.
CREACIÓN DE CURSOS EN LÍNEA

La educación en línea se ha convertido en un mercado en auge, y crear cursos en línea es una excelente manera de generar ingresos pasivos mientras compartes tu conocimiento con otras personas.

En este capítulo, exploraremos cómo puedes crear y vender tus propios cursos en línea.

La Oportunidad de la Educación en Línea

La educación en línea ha experimentado un crecimiento significativo en los últimos años. La comodidad de aprender desde casa o desde cualquier lugar, la amplia gama de temas disponibles y la flexibilidad en los horarios han atraído a estudiantes de todas partes.

Esto ha creado una oportunidad para aquellos que desean compartir su experiencia y conocimiento a través de cursos en línea.

Pasos para Crear un Curso en Línea

1. *Elige tu Tema y Audiencia:* Decide sobre el tema de tu curso y a quién va dirigido. Es fundamental elegir un tema en el que tengas experiencia y pasión.

2. *Planifica tu Contenido:* Divide tu curso en módulos o secciones. Crea un esquema detallado del contenido que cubrirás en cada lección.

3. *Crea Material de Aprendizaje:* Prepara materiales de aprendizaje, como videos, presentaciones, cuestionarios y lecturas adicionales.

4. *Elige una Plataforma:* Selecciona una plataforma de aprendizaje en línea donde alojarás tu curso. Ejemplos populares incluyen **Udemy, Teachable y Coursera.**

5. *Graba y Edita Contenido:* Graba tus lecciones en video o crea presentaciones interactivas. Asegúrate de que el contenido sea de alta calidad y fácil de entender.

6. *Configura el Precio:* Decide si ofrecerás tu curso de forma gratuita o por un precio. Si eliges la segunda opción, investiga para determinar un precio competitivo.

7. *Promoción y Marketing:* Utiliza estrategias de marketing en línea para promocionar tu curso. Puedes utilizar las redes sociales, publicidad en línea y colaboraciones con otros creadores de contenido.

8. *Soporte y Comunicación:* Establece canales de comunicación con tus estudiantes para responder preguntas y proporcionar asistencia.

Plataformas de Alojamiento de Cursos

Existen muchas plataformas donde puedes alojar tus cursos en línea. Aquí hay algunas opciones populares:

- **Udemy**: Esta plataforma te brinda acceso a una gran audiencia de estudiantes. Udemy se encarga de la comercialización y la promoción, pero a cambio, cobra una tarifa por cada venta.

- **Teachable**: Si deseas tener un mayor control sobre tu curso y tus ingresos, Teachable te permite crear tu propio sitio web de cursos en línea.

- **Coursera**: Esta plataforma se asocia con universidades y ofrece cursos más formales y acreditados.

Generar Ingresos Pasivos

Una vez que tu curso esté en línea y atraiga estudiantes, podrás generar ingresos pasivos. Cada vez que alguien se inscribe en tu curso, ganarás dinero.

Si ofreces contenido de alta calidad y recibes buenas valoraciones, es posible que tu curso siga generando ingresos durante mucho tiempo.

Claves del Éxito

- **Calidad del Contenido**: Ofrece contenido de alta calidad y asegúrate de que tus estudiantes estén satisfechos con lo que han aprendido.

- **Interacción con los Estudiantes**: Responde preguntas y proporciona asistencia para asegurarte de que tus estudiantes estén comprometidos y satisfechos.

- **Promoción Constante**: Continúa promocionando tu curso para llegar a un público más amplio y atraer a nuevos estudiantes.

La creación de cursos en línea es una forma efectiva de compartir tu conocimiento, ayudar a otros a aprender y generar ingresos pasivos. Si tienes experiencia en un área específica, considera la posibilidad de crear tu propio curso y unirte a la creciente industria de la educación en línea.

Plataformas y Marketing: Llega a tu Audiencia

Llegar a tu audiencia es esencial para el éxito de tu curso en línea. No importa cuán valioso sea tu contenido; si no puedes llegar a tus estudiantes potenciales, no generarás ingresos pasivos.

Estrategias de Marketing Efectivas

Una vez que tu curso esté en línea, debes promocionarlo para llegar a tu audiencia. Aquí hay algunas estrategias de marketing que puedes utilizar:

- **Redes Sociales**: Utiliza tus perfiles en redes sociales para promocionar tu curso. Publica contenido relacionado y comparte información relevante en grupos y comunidades en línea.

- **Publicidad en Línea**: Puedes utilizar publicidad paga en plataformas como Facebook e Instagram para llegar a una audiencia específica.

- **Marketing de Contenidos**: Escribe artículos, blogs o publicaciones en línea relacionadas con el tema de tu curso. Esto no solo te ayudará a mostrar tu experiencia, sino que también atraerá a personas interesadas en el tema.

- **Email Marketing**: Construye una lista de suscriptores interesados en tu contenido y envía correos electrónicos promocionales y actualizaciones sobre tu curso.

- **Colaboración con Otros Creadores de Contenido**: Colabora con otros creadores de contenido en tu industria. Puedes ser invitado como invitado en un podcast o blog, lo que te dará exposición adicional.

- **Programas de Afiliados**: Considera la posibilidad de establecer un programa de afiliados en el que otros promocionen tu curso a cambio de una comisión por cada venta generada.

- **Comentarios y Valoraciones**: Incentiva a tus estudiantes a dejar comentarios y valoraciones positivas. Las buenas críticas pueden aumentar la credibilidad y la confianza en tu curso.

Comunicación Continua

Una vez que atraigas a estudiantes, asegúrate de mantener una comunicación constante con ellos. Responde a sus preguntas, proporciona asistencia y crea una comunidad en torno a tu curso.

Esto fomentará la satisfacción del estudiante y el boca a boca positivo.

La creación de cursos en línea es una excelente manera de compartir tus conocimientos y generar ingresos pasivos. Con la elección de la plataforma correcta y estrategias de marketing efectivas, puedes llegar a una amplia audiencia y hacer crecer tu curso.

10.
DESARROLLO DE APLICACIONES

En la era digital actual, el desarrollo de aplicaciones se ha convertido en una de las fuentes de ingresos pasivos más atractivas. La creación de una aplicación exitosa puede generar ingresos recurrentes a lo largo del tiempo, y es un campo que sigue creciendo.

En este capítulo, exploraremos cómo puedes adentrarte en el mundo del desarrollo de aplicaciones y generar ingresos pasivos con tus creaciones.

Ideas para Aplicaciones Exitosas

Antes de comenzar a desarrollar una aplicación, debes tener una idea clara de su propósito y utilidad. Aquí hay algunas ideas para aplicaciones exitosas:

- **Aplicaciones de Productividad**: Crea una aplicación que ayude a las personas a ser más productivas en su trabajo o vida diaria. Pueden ser aplicaciones de gestión de tareas, organización, o incluso herramientas de edición de documentos.

- **Aplicaciones de Salud y Bienestar**: La salud y el bienestar son temas populares en la actualidad. Considera desarrollar una aplicación de seguimiento de ejercicios, meditación, control de calorías, o seguimiento de hábitos saludables.

- **Juegos**: Los juegos móviles siguen siendo una fuente sólida de ingresos pasivos. Si tienes una idea creativa para un juego adictivo, podría ser un éxito.

- **Educación**: Las aplicaciones educativas son muy valoradas. Crea una aplicación que enseñe idiomas, habilidades académicas o brinde acceso a cursos en línea.

- **Aplicaciones de Viaje**: Con la reanudación de los viajes, las aplicaciones que ayuden a planificar viajes, encontrar alojamiento o actividades locales son muy demandadas.

- **Personalización y Entretenimiento**: Aplicaciones que permiten a los usuarios personalizar su experiencia, como editores de fotos o aplicaciones de entretenimiento, también son populares.

Plataformas de Desarrollo

Una vez que tengas una idea clara de tu aplicación, debes decidir en qué plataforma la desarrollarás. Las dos principales opciones son:

- **iOS (Apple)**: Si eliges desarrollar para dispositivos Apple, necesitarás aprender el lenguaje de programación Swift y utilizar el entorno de desarrollo Xcode. Las aplicaciones de iOS suelen ser rentables debido a la base de usuarios de dispositivos Apple.

- **Android (Google)**: Para desarrollar aplicaciones Android, debes aprender Java o Kotlin. Android tiene una base de usuarios más amplia, pero las aplicaciones tienden a generar menos ingresos por usuario que las de iOS.

Monetización de Aplicaciones

Una vez que hayas desarrollado tu aplicación, es hora de pensar en cómo generar ingresos.

Algunas estrategias comunes de monetización incluyen:

- **Venta de la Aplicación**: Puedes vender tu aplicación a los usuarios a través de las tiendas de aplicaciones, ya sea a un precio fijo o mediante una suscripción.

- **Publicidad**: Mostrar anuncios dentro de la aplicación es una forma común de generar ingresos. Puedes utilizar plataformas publicitarias como AdMob (Google) o Audience Network (Facebook).

- **Compras dentro de la Aplicación**: Ofrecer compras dentro de la aplicación, como mejoras, contenido premium o funciones adicionales, es otra estrategia efectiva.

- **Modelo de Suscripción**: Si tu aplicación ofrece contenido continuo o servicios, considera un modelo de suscripción mensual o anual.

- **Ventas Cruzadas**: Si tienes varias aplicaciones, puedes promocionar tus otras aplicaciones a través de las existentes.

Marketing y Promoción

El éxito de tu aplicación también dependerá de tu capacidad para promocionarla. Utiliza estrategias de marketing en línea, como las redes sociales, anuncios pagados y relaciones públicas para aumentar la visibilidad de tu aplicación.

El desarrollo de aplicaciones requiere tiempo y esfuerzo, pero puede generar ingresos pasivos significativos si tienes una idea sólida y sabes cómo llegar a tu audiencia.

Puede desarrollar aplicaciones alguien sin conocimiento en programación?

Sí, es posible desarrollar aplicaciones incluso si no tienes conocimiento en programación. En la actualidad, existen herramientas y plataformas que permiten a personas sin experiencia en codificación crear sus propias aplicaciones de manera relativamente sencilla.

Aquí hay algunas opciones:

- **Plataformas de Desarrollo sin Codificación**: Estas plataformas ofrecen entornos visuales y de arrastrar y soltar que permiten crear aplicaciones sin necesidad de escribir código. Ejemplos populares incluyen Adalo, Bubble y OutSystems.

- **Constructores de Aplicaciones Móviles**: Hay constructores de aplicaciones móviles que te permiten diseñar aplicaciones para dispositivos Android e iOS utilizando interfaces intuitivas. Uno de los ejemplos más conocidos es Appy Pie.

- **Servicios de Creación de Aplicaciones Personalizadas**: Puedes contratar a profesionales que crearán la aplicación por ti. Aunque esto implica un costo adicional, puede ser una opción si tienes una idea sólida y un presupuesto para invertir.

- **Aprendizaje de Programación**: Si bien esto implica aprender programación, es una inversión que puede ser muy valiosa. Plataformas de aprendizaje en línea como Udemy, Coursera y Codecademy ofrecen cursos de programación para principiantes.

Si bien es posible desarrollar aplicaciones sin conocimientos de programación, ten en cuenta que el grado de complejidad de tu aplicación y tus objetivos determinarán cuál es la mejor opción para ti.

Algunas aplicaciones simples se pueden crear con herramientas de arrastrar y soltar, pero aplicaciones más complejas requerirán un enfoque de aprendizaje más profundo.

La clave es tener una idea clara y, si es necesario, buscar ayuda o aprender las habilidades necesarias para llevarla a cabo.

Ideas para Resolver Problemas con una App

Aplicación de Rastreo de Ejercicio: Crea una aplicación que permita a los usuarios rastrear su actividad física, registrar sus entrenamientos y recibir consejos de salud. Puedes incluir funciones para el seguimiento de pasos, cálculo de calorías quemadas y planes de entrenamiento personalizados.

Aplicación de Gestión de Finanzas Personales: Desarrolla una aplicación que ayude a las personas a administrar sus finanzas personales. Debe permitir el seguimiento de ingresos y gastos, establecer presupuestos y ofrecer consejos de ahorro.

Plataforma de Alquiler de Alojamientos: Si te enfocas en una ubicación turística popular, puedes crear una aplicación que permita a los usuarios alquilar alojamientos, ya sea casas, departamentos o habitaciones. Esto puede ser útil tanto para viajeros como para anfitriones.

Aplicación de Aprendizaje de Idiomas: Si dominas varios idiomas, puedes desarrollar una aplicación que enseñe idiomas de manera efectiva. Puedes incluir lecciones interactivas, ejercicios de pronunciación y evaluaciones.

Red Social Temática: Crea una red social centrada en un tema específico que te apasione. Podría ser algo relacionado con deportes, gastronomía, viajes o cualquier otro interés.

Aplicación de Comida a Domicilio: Si tienes contactos en la industria de la restauración, considera desarrollar una aplicación de entrega de comida a domicilio. Asegúrate de ofrecer un proceso de pedido sencillo y opciones de pago seguras.

Plataforma de Compra y Venta Local: Desarrolla una aplicación que conecte a compradores y vendedores locales. Esto puede incluir desde artículos de segunda mano hasta productos artesanales.

Aplicación de Salud Mental: En un mundo en el que la salud mental es importante, puedes crear una aplicación que ofrezca recursos y apoyo para el bienestar emocional. Esto puede incluir meditaciones guiadas, seguimiento del estado de ánimo y consejos para reducir el estrés.

Plataforma de Reserva de Cita: Si estás interesado en la industria de la salud, una aplicación que permita a los usuarios reservar citas médicas o de otro tipo puede ser muy útil. Asegúrate de incluir información detallada sobre los proveedores y las reseñas de los usuarios.

Aplicación de Noticias Personalizada: Desarrolla una aplicación que ofrezca noticias y actualizaciones personalizadas según los intereses de cada usuario. Esto implica la agregación de noticias de diversas fuentes y la presentación de contenido relevante.

Recuerda que la clave para el éxito en el desarrollo de aplicaciones es identificar una necesidad o un problema y ofrecer una solución efectiva. Asegúrate de realizar investigaciones de mercado y recopilar comentarios de los usuarios para mejorar tu aplicación con el tiempo.

Juegos Apasionantes: Tu Entrada al Mundo de las Apps

El mundo de los juegos para dispositivos móviles es un mercado en constante crecimiento y una de las áreas más emocionantes en el desarrollo de aplicaciones.

Si tienes una idea creativa y apasionante para un juego, este podría ser tu boleto de entrada al mundo de las aplicaciones. Los juegos pueden abarcar una amplia variedad de géneros y estilos, desde juegos de rompecabezas hasta juegos de acción y aventuras.

Aquí te guiaré a través de los pasos clave para desarrollar tu propio juego:

- **Idea y Concepto**: Lo primero es tener una idea sólida para tu juego. ¿Qué lo hace único y emocionante? ¿Cuál es la premisa de juego? Considera la mecánica, la narrativa y la jugabilidad. Realiza una lluvia de ideas y busca inspiración en otros juegos, películas, libros o experiencias personales.

- **Diseño de Juego**: Una vez que tengas una idea, es hora de crear un diseño detallado para tu juego. Define los personajes, los niveles, los objetivos y cualquier elemento interactivo. El diseño de juego es esencial para establecer las reglas y la estructura.

- **Desarrollo de Software**: Para el desarrollo de juegos, necesitarás habilidades en programación o un equipo de desarrolladores. Plataformas como Unity y Unreal Engine ofrecen herramientas poderosas para crear juegos. Asegúrate de optimizar el juego para dispositivos móviles y realizar pruebas exhaustivas.

- **Gráficos y Sonido**: Los juegos atractivos suelen contar con gráficos de alta calidad y efectos de sonido envolventes. Puedes contratar a un artista gráfico o aprender a crear tus propios diseños. La música y los efectos de sonido también son elementos importantes para la inmersión del jugador.

- **Monetización**: Decide cómo planeas ganar dinero con tu juego. Las opciones incluyen publicidad, compras dentro de la aplicación, versión gratuita con opciones de actualización y más. Elige un modelo que se adapte a tu juego y audiencia.

- **Pruebas y Mejoras**: Antes de lanzar el juego al público, realízale pruebas exhaustivas para identificar y solucionar errores. Pide a amigos y familiares que lo prueben y recopila comentarios. La retroalimentación es clave para mejorar el juego.

- **Lanzamiento**: Una vez que tu juego esté listo, lánzalo en las tiendas de aplicaciones, como la App Store de Apple y Google Play Store. Asegúrate de crear una descripción atractiva y materiales promocionales.

- **Marketing y Promoción**: El marketing es esencial para que tu juego destaque en un mercado lleno de competencia. Utiliza las redes sociales, blogs, videos promocionales y colaboraciones con influyentes para promocionar tu juego.

- **Mantenimiento y Actualizaciones**: La mayoría de los juegos exitosos requieren actualizaciones regulares para corregir errores y agregar nuevo contenido. Mantén una comunicación constante con tu comunidad de jugadores.

- **Feedback de los Jugadores**: Escucha a tus jugadores. Sus opiniones y sugerencias pueden ayudarte a perfeccionar tu juego y mantenerlos comprometidos.

Desarrollar tu propio juego puede ser un proceso desafiante pero gratificante. Si tienes una pasión por los juegos y una idea emocionante, ¡no dudes en entrar al emocionante mundo de las aplicaciones de juegos!

PARTE IV:
PROPIEDAD INTELECTUAL Y NEGOCIOS

11.
PROPIEDAD INTELECTUAL: PROTEGIENDO TU CREATIVIDAD

En un mundo donde la creatividad y la innovación son altamente valoradas, la protección de tus creaciones es esencial. En este capítulo, exploraremos el concepto de propiedad intelectual y cómo puedes resguardar tus ideas y obras creativas.

Desde invenciones y obras literarias hasta fotografías y marcas registradas, la propiedad intelectual abarca una amplia gama de activos intangibles.

Veamos cómo puedes protegerlos:

1. Derechos de Autor: Los derechos de autor protegen obras literarias y artísticas, como libros, música, películas, pinturas y software. Cuando creas una obra original, obtienes automáticamente los derechos de autor sobre ella. Sin embargo, registrar tus derechos de autor ofrece una protección legal más sólida. Asegúrate de que tu obra lleve la notificación de derechos de autor © seguida de tu nombre y el año de creación.

2. Patentes: Si has inventado un nuevo producto, proceso o máquina, puedes solicitar una patente. Las patentes otorgan derechos exclusivos para fabricar, vender o utilizar la invención durante un período determinado. Registrar una patente puede ser un proceso complejo y costoso, pero es fundamental para proteger tus ideas innovadoras.

3. Marcas Registradas: Las marcas registradas se aplican a nombres, logotipos y símbolos que identifican tu marca o producto. Registrar una marca te da el derecho exclusivo de usarla y evita que otros la utilicen sin tu permiso. Esto es esencial para proteger la identidad de tu empresa y evitar confusiones en el mercado.

4. Secreto Comercial: Algunas creaciones, como fórmulas, métodos y procesos comerciales, se pueden proteger manteniéndolos como secretos comerciales. Esto implica mantener la información confidencial dentro de tu empresa y restringir el acceso a ella. Un ejemplo famoso es la fórmula de la Coca-Cola, que se mantiene en secreto desde hace décadas.

5. Derechos de Diseño Industrial: Si creas diseños únicos para productos industriales, como muebles, dispositivos electrónicos o envases, puedes obtener derechos de diseño industrial. Esto protege la apariencia visual de un producto y evita que otros copien tus diseños.

6. Derechos de Artista Intérprete o Ejecutante: Si eres un artista intérprete o ejecutante, tienes derechos sobre tus interpretaciones. Estos derechos pueden incluir la reproducción, distribución y presentación pública de tu trabajo. Asegúrate de conocer y ejercer estos derechos cuando se apliquen.

7. Acuerdos y Contratos: Al trabajar con otros en proyectos creativos, como colaboraciones musicales o desarrollo de software, es fundamental establecer acuerdos y contratos claros que definan la propiedad intelectual. Esto evita futuros conflictos y garantiza que todos los involucrados estén de acuerdo con cómo se manejarán los derechos.

Proteger tu propiedad intelectual es una parte fundamental de asegurar que tus creaciones permanezcan tuyas y que puedas beneficiarte de ellas. Si bien los procesos de registro pueden ser complejos, existen profesionales y abogados especializados que pueden guiarte a lo largo del camino. La propiedad intelectual es un activo valioso, y su protección es esencial en el mundo creativo y empresarial.

Patentes: Protege tus Inventos

Las patentes son un tipo de propiedad intelectual que otorga derechos exclusivos sobre una invención específica. Estos derechos permiten al inventor o titular de la patente evitar que otros fabriquen, vendan o utilicen su invención durante un período determinado, que suele ser de 20 años desde la fecha de presentación de la solicitud.

En esta subsección, exploraremos en detalle el proceso de obtención de una patente y cómo puede proteger tus invenciones de manera efectiva.

1. ¿Qué Puede Patentarse?

En general, se pueden patentar inventos que sean nuevos, no obvios y útiles. Esto puede incluir:

- **Productos:** Desde dispositivos electrónicos hasta productos químicos, cualquier artículo que sea una invención original puede ser patentado.

- **Procesos:** Los métodos o procesos novedosos también pueden ser patentados. Esto es especialmente relevante para los inventores de nuevos procedimientos de fabricación o métodos comerciales.

- **Máquinas:** Si has diseñado una máquina única que realiza una función específica, puedes patentarla para evitar que otros la reproduzcan.

- **Composiciones de la Materia:** Las mezclas químicas, fórmulas farmacéuticas y otros productos químicos pueden ser patentados si son nuevos y útiles.

- **Diseños de Plantas:** En la agricultura y la horticultura, incluso los nuevos cultivos y variedades de plantas pueden obtener patentes.

2. Los Tipos de Patentes

Existen tres tipos principales de patentes:

- **Patentes de Utilidad:** Estas son las más comunes y cubren inventos o mejoras en las máquinas, procesos y composiciones de la materia.

- **Patentes de Diseño:** Se refieren a la protección de la apariencia o diseño de un artículo. Esto es fundamental para productos que tienen un valor estético.

- **Patentes de Planta:** Estas se aplican a los inventores de nuevas variedades de plantas que se han reproducido de manera asexual.

3. El Proceso de Obtención de una Patente

El proceso de obtención de una patente puede ser desafiante, pero siguiendo estos pasos, puedes aumentar tus posibilidades de éxito:

- **Investigación de Antecedentes:** Antes de solicitar una patente, es fundamental investigar si tu invención ya ha sido patentada por otra persona. La Oficina de Patentes y Marcas de los Estados Unidos (USPTO) es una fuente confiable para buscar patentes existentes.

- **Solicitud de Patente:** Debes presentar una solicitud de patente ante la oficina de patentes correspondiente en tu país. Esta solicitud debe incluir una descripción detallada de la invención y cómo funciona.

- **Examen y Evaluación:** La oficina de patentes revisará tu solicitud y llevará a cabo un examen minucioso para determinar si tu invención es patentable.

- **Concesión de la Patente:** Si se aprueba tu solicitud y cumples con todos los requisitos, se te otorgará una patente que te confiere derechos exclusivos sobre tu invención.

4. Ventajas de Obtener una Patente

Obtener una patente puede proporcionar varias ventajas:

- **Derechos Exclusivos:** La principal ventaja es que obtienes el derecho exclusivo de fabricar, vender y utilizar tu invención, lo que te permite controlar cómo se utiliza en el mercado.

- **Valor Comercial:** Las patentes pueden tener un gran valor comercial. Puedes optar por vender o licenciar tus derechos a otras empresas, lo que puede generar ingresos significativos.

- **Protección Legal:** Las patentes te brindan protección legal sólida en caso de que alguien intente copiar tu invención sin tu permiso. Puedes emprender acciones legales para hacer valer tus derechos.

- **Reconocimiento y Prestigio:** Obtener una patente es un logro notable y puede mejorar tu prestigio en tu campo de trabajo.

Proteger tus invenciones mediante patentes es esencial para garantizar que puedas beneficiarte de tus esfuerzos creativos.

Si bien el proceso puede ser complicado, el resultado es la protección legal de tus invenciones y la oportunidad de aprovechar al máximo su potencial comercial.

Derechos de Autor: Guarda tus Obras Literarias y Artísticas

Los derechos de autor son una forma esencial de proteger tus obras literarias y artísticas, brindándote el control sobre su uso y distribución. En esta subsección, exploraremos en detalle qué son los derechos de autor, cómo funcionan y por qué son cruciales para cualquier persona que cree contenido creativo.

1. ¿Qué son los Derechos de Autor?

Los derechos de autor son un conjunto de leyes y reglamentos que otorgan a los creadores de obras literarias, artísticas y musicales el derecho exclusivo de determinar cómo se utiliza su trabajo. Esto significa que, como autor, tienes el control sobre la reproducción, distribución, adaptación y representación pública de tus obras.

2. ¿Qué Puede Protegerse con Derechos de Autor?

Los derechos de autor pueden aplicarse a una amplia gama de obras, incluyendo:

- **Escritura:** Esto incluye novelas, poesía, ensayos, guiones, blogs y cualquier otra forma de escritura creativa.

- **Arte:** Las pinturas, ilustraciones, esculturas, fotografías y otros tipos de obras visuales pueden protegerse mediante derechos de autor.

- **Música:** Las canciones, partituras y composiciones musicales son elegibles para protección por derechos de autor.

- **Cine y Video:** Las películas, programas de televisión, videos en línea y contenido audiovisual en general pueden protegerse.

- **Software:** El código fuente y el software también pueden beneficiarse de los derechos de autor.

3. ¿Cómo se Obtienen los Derechos de Autor?

En la mayoría de los países, tus obras están protegidas por derechos de autor desde el momento en que las creas y las fijas en un medio tangible. Esto significa que no necesitas registrar formalmente tus obras para que estén protegidas por derechos de autor.

Sin embargo, el registro puede ser beneficioso, ya que proporciona una prueba pública de que eres el autor de la obra y simplifica la defensa de tus derechos en caso de disputa.

4. Ventajas de los Derechos de Autor

Los derechos de autor brindan una serie de ventajas significativas a los creadores:

- **Control Creativo:** Como autor, tienes el control sobre quién puede utilizar tu trabajo y bajo qué condiciones.

- **Beneficios Económicos:** Puedes ganar dinero al otorgar licencias o vender los derechos de uso de tu obra a terceros, como editoriales, estudios de cine o galerías de arte.

- **Protección Legal:** Los derechos de autor te brindan una base sólida para emprender acciones legales contra aquellos que utilicen tu trabajo sin tu permiso.

- **Reconocimiento:** Los derechos de autor aseguran que se te reconozca como el autor de tu obra, lo que es fundamental en términos de prestigio y reputación.

5. Uso Justo y Limitaciones

Es importante destacar que los derechos de autor no son absolutos y están sujetos a ciertas limitaciones, como el uso justo. El uso justo permite el uso de obras con derechos de autor en situaciones específicas, como la crítica, la educación y la investigación, sin necesidad de permiso del autor. Es esencial comprender estas limitaciones y cómo se aplican a tu trabajo.

Los derechos de autor son un activo valioso para cualquier creador y brindan la protección necesaria para asegurar que tus obras no se utilicen sin tu consentimiento. Mantén un registro de tus obras y considera el registro formal para fortalecer tu posición legal.

Tus creaciones son valiosas, y los derechos de autor te ayudarán a protegerlas y beneficiarte de ellas.

Marcas Registradas: Protege tu Identidad

Las marcas registradas son un componente esencial de la protección legal de una empresa o producto. En esta subsección, exploraremos en detalle qué son las marcas registradas, por qué son importantes y cómo puedes proteger tu identidad y propiedad intelectual mediante su registro.

1. ¿Qué es una Marca Registrada?

Una marca registrada es un signo distintivo, como un nombre, un logotipo o un eslogan, que se utiliza para identificar productos o servicios de una empresa y distinguirlos de los de la competencia.

Al registrar una marca, se obtiene el derecho exclusivo de utilizar ese signo en relación con los productos o servicios especificados.

2. Importancia de Registrar tu Marca

Registrar tu marca es fundamental por varias razones:

- **Protección Legal:** Una marca registrada te otorga el derecho exclusivo de utilizarla, lo que brinda protección legal contra el uso no autorizado por parte de terceros.

- **Distinguir tu Negocio:** Una marca registrada permite que tu empresa se destaque y sea reconocida en el mercado, construyendo la confianza de los consumidores.

- **Valor Comercial:** Una marca registrada puede convertirse en un activo valioso y se suma al valor de tu empresa en caso de venta o inversión.

- **Prevención de Confusión:** Evita que otras empresas utilicen una marca similar y generen confusión en los consumidores.

3. ¿Cómo se Registra una Marca?

El proceso de registro de una marca puede variar según el país, pero generalmente implica los siguientes pasos:

- **Búsqueda de Marca:** Realiza una búsqueda exhaustiva para asegurarte de que tu marca propuesta no esté en conflicto con otras marcas ya registradas.

- **Solicitud de Registro:** Presenta una solicitud de registro ante la oficina de propiedad intelectual de tu país. Deberás proporcionar detalles sobre la marca y su uso previsto.

- **Examen y Registro:** La oficina de propiedad intelectual examinará tu solicitud y, si se aprueba, se registrará la marca. El proceso puede llevar varios meses.

4. Mantenimiento de tu Marca

Una vez registrada, es esencial mantener y proteger tu marca. Esto implica renovar el registro según los plazos establecidos por la legislación y tomar medidas legales contra aquellos que intenten infringir tus derechos de marca.

5. Uso Adecuado de la Marca

El uso adecuado de tu marca registrada es fundamental para mantener tus derechos. Asegúrate de utilizarla de manera coherente y precisa en relación con los productos o servicios especificados en el registro.

Proteger tu identidad empresarial y propiedad intelectual a través del registro de marcas es una inversión valiosa. Brinda protección legal, construye reconocimiento de marca y agrega valor a tu negocio.

Asegúrate de seguir los procedimientos adecuados para el registro y el uso adecuado de tu marca registrada para aprovechar al máximo estos beneficios.

12.
INVERSIONES EN NEGOCIOS

En este capítulo, exploraremos una forma fascinante de diversificar tus ingresos y hacer crecer tu capital: *las inversiones en negocios.*

A menudo, las personas asocian la inversión con la compra de acciones o propiedades, pero invertir en negocios puede ser igualmente rentable y gratificante.

Aprenderás cómo se llevan a cabo estas inversiones, los riesgos y beneficios involucrados, y cómo puedes convertirte en un inversor exitoso en el mundo empresarial.

1. Inversiones en Empresas Físicas y en Línea

Las inversiones en negocios pueden dividirse en dos categorías principales: *inversiones en negocios físicos y en línea.*

- **Inversiones en Negocios Físicos:** Estas inversiones implican comprar acciones o participaciones en negocios físicos, como restaurantes, tiendas minoristas o franquicias. Puedes contribuir con capital a cambio de una parte de la propiedad o recibir dividendos de las ganancias.

- **Inversiones en Negocios en Línea:** En la era digital, invertir en negocios en línea, como sitios web, aplicaciones o empresas de comercio electrónico, se ha vuelto cada vez más popular. Las opciones incluyen la compra de sitios web establecidos, la inversión en nuevas empresas tecnológicas o la financiación de proyectos en línea.

2. Participación Activa o Pasiva

Cuando se trata de invertir en negocios, tienes dos opciones: participación activa o pasiva.

- **Participación Activa:** En este enfoque, te involucras en la gestión y toma de decisiones del negocio en el que has invertido. Puedes aportar tu experiencia y habilidades para ayudar a que el negocio crezca y tenga éxito.

- **Participación Pasiva:** En este caso, tu inversión implica proporcionar capital financiero, pero no juegas un papel activo en la gestión del negocio. Recibes ganancias o rendimientos según los términos del acuerdo.

3. Riesgos y Beneficios

Como en cualquier forma de inversión, las inversiones en negocios conllevan riesgos y beneficios. Algunos de los riesgos incluyen:

- **Pérdida de Capital:** Si el negocio no tiene éxito, podrías perder la inversión realizada.

- **Riesgo de Mercado:** Los cambios en el mercado pueden afectar el rendimiento del negocio y, en última instancia, tu inversión.

- **Gestión y Toma de Decisiones:** La calidad de la gestión y la toma de decisiones en el negocio pueden influir en su éxito.

Sin embargo, también hay beneficios significativos:

- **Potencial de Ganancias:** Si el negocio tiene éxito, podrías disfrutar de ganancias considerables
.

- **Diversificación:** Las inversiones en negocios pueden diversificar tu cartera de inversiones y reducir el riesgo global.

- **Participación Activa:** Si optas por una inversión activa, puedes aplicar tus conocimientos y experiencia para impulsar el éxito del negocio.

4. Consideraciones Finales

Invertir en negocios es una estrategia emocionante para hacer crecer tu capital y diversificar tus fuentes de ingresos. Antes de tomar una decisión, es esencial investigar y comprender el negocio en el que planeas invertir, evaluar tus objetivos financieros y riesgos personales, y considerar si deseas tener una participación activa o pasiva en la empresa.

Recuerda que todas las inversiones conllevan algún nivel de riesgo, por lo que es fundamental tomar decisiones informadas y, si es necesario, buscar asesoramiento financiero antes de embarcarte en esta emocionante aventura de inversión en negocios.

Modelos de Negocios Físicos y en Línea

Cuando estás considerando invertir en negocios, es fundamental comprender los diferentes modelos de negocios que existen. Cada uno de ellos tiene sus propias características y consideraciones, y es vital elegir aquel que se adapte a tus objetivos y recursos.

En este capítulo, exploraremos algunos de los modelos de negocios más comunes, tanto en el mundo físico como en línea.

Modelos de Negocios Físicos

- **Franquicias:** Las franquicias ofrecen una oportunidad para invertir en un negocio establecido con una marca reconocida. Al adquirir una franquicia, puedes aprovechar la reputación de la marca y recibir apoyo en términos de formación y operaciones. Ejemplos de franquicias incluyen cadenas de restaurantes, tiendas de conveniencia y servicios de cuidado personal.

- **Minoristas:** Invertir en negocios minoristas implica la propiedad o participación en tiendas físicas que venden productos a los consumidores. Este modelo incluye desde tiendas de comestibles hasta boutiques de moda.

- **Hostelería:** La inversión en la industria de la hostelería puede abarcar desde restaurantes y bares hasta hoteles y servicios de catering. El sector de la hostelería es conocido por ofrecer oportunidades de inversión estables y rentables.

- **Servicios Profesionales:** Los negocios que ofrecen servicios profesionales, como bufetes de abogados, consultorías, contabilidad y servicios médicos, son otra opción de inversión. Estos negocios a menudo dependen de la experiencia y habilidades de sus propietarios o empleados.

Modelos de Negocios en Línea

- **Comercio Electrónico:** Invertir en negocios de comercio electrónico implica la propiedad o financiamiento de tiendas en línea que venden productos. Estos negocios pueden variar desde tiendas de ropa en línea hasta plataformas de comercio electrónico que conectan a vendedores con compradores.

- **Afiliados y Marketing de Contenido:** Algunos inversores optan por participar en el marketing de afiliados o el marketing de contenido. Esto implica promocionar productos o servicios de otras empresas a cambio de comisiones.

- **Desarrollo de Aplicaciones y Sitios Web:** La inversión en el desarrollo de aplicaciones móviles o sitios web puede ser lucrativa. Puedes financiar proyectos que tienen potencial para atraer a una amplia audiencia o resolver problemas específicos.

- **Contenido Digital y Medios Sociales:** Invertir en la creación de contenido digital, como blogs, videos, o medios sociales, es otra opción. Puedes monetizar el contenido a través de publicidad, patrocinios o ventas de productos.

¿Cómo Elegir el Modelo Adecuado?

La elección del modelo de negocio adecuado depende de tus objetivos financieros, conocimientos y recursos disponibles.

Es importante investigar a fondo cada modelo y considerar aspectos como la inversión inicial, el potencial de ganancias, la gestión requerida y el nivel de riesgo.

Algunos inversores optan por diversificar sus inversiones, participando en varios modelos de negocios a la vez. Esta estrategia puede ayudar a reducir el riesgo y maximizar el potencial de ganancias. Sea cual sea el modelo de negocio que elijas, recuerda que la investigación y la planificación cuidadosa son clave para el éxito en el mundo de las inversiones en negocios.

Ejemplos Exitosos: Amazon, Mercado Libre y Más

Para comprender la magnitud de las inversiones en negocios, es útil analizar ejemplos exitosos que han cambiado la forma en que hacemos compras y realizamos transacciones en línea.

Dos de los gigantes en este campo son Amazon y Mercado Libre.

Amazon: La Tienda en Línea Todo en Uno

Fundada por Jeff Bezos en 1994, Amazon comenzó como una modesta librería en línea. Sin embargo, la visión de Bezos iba mucho más allá.

Amazon se expandió rápidamente para ofrecer una amplia gama de productos, desde libros hasta electrónicos, ropa y más. Hoy en día, Amazon es conocida como "la tienda en línea de todo en uno" y se ha convertido en una de las empresas más grandes y valiosas del mundo.

El éxito de Amazon se basa en su capacidad para adaptarse a las necesidades cambiantes de los consumidores y su enfoque implacable en la satisfacción del cliente. Además de su plataforma de compras, Amazon ha desarrollado servicios como Amazon Web Services (AWS), que ofrece servicios de nube, y Amazon Prime, que incluye transmisión de video y entrega rápida.

Mercado Libre: Líder en Comercio Electrónico en América Latina

Fundada en 1999 por Marcos Galperin, Mercado Libre se ha convertido en la plataforma de comercio electrónico líder en América Latina. La empresa ofrece una variedad de servicios, desde ventas en línea y pagos hasta envío y financiamiento. Mercado Libre se ha convertido en un actor importante en la digitalización del comercio en la región.

Uno de los factores clave en el éxito de Mercado Libre ha sido su capacidad para superar los desafíos logísticos y de infraestructura en América Latina. La empresa ha desarrollado soluciones para abordar problemas como la falta de direcciones precisas en algunas áreas y la necesidad de métodos de pago flexibles.

Estos ejemplos muestran que las oportunidades en los negocios en línea son vastas. Sin embargo, también destacan la importancia de la innovación, la adaptabilidad y la comprensión de las necesidades específicas de los mercados y los consumidores.

Al invertir en negocios en línea, es fundamental mantenerse informado sobre las últimas tendencias y tecnologías, así como estar dispuesto a adaptarse a un entorno en constante cambio.

Franquicias: Ingresos Seguros con un Giro Empresarial

Las franquicias son una forma popular de invertir en un negocio sin necesariamente crearlo desde cero. En lugar de comenzar una empresa completamente nueva, los inversionistas compran una franquicia de una empresa existente. Esto les permite beneficiarse de una marca establecida, un modelo de negocio probado y, en muchos casos, una base de clientes leales. Veamos en detalle cómo funcionan las franquicias y por qué pueden ser una opción atractiva para los emprendedores.

El Concepto de Franquicias

En esencia, una franquicia es un acuerdo entre dos partes: el franquiciador y el franquiciado. El franquiciador es la empresa matriz que posee y opera un concepto de negocio probado y exitoso. El franquiciado es el individuo o empresario que compra el derecho a operar una unidad de ese negocio bajo la marca y el modelo del franquiciador. A cambio, el franquiciado paga tarifas y regalías al franquiciador.

Ventajas de Invertir en una Franquicia

Las franquicias ofrecen una serie de ventajas que pueden hacer que la inversión sea más segura y potencialmente más rentable:

- **Modelo de Negocio Establecido:** Al comprar una franquicia, estás adquiriendo un modelo de negocio probado. Esto significa que ya hay una fórmula para el éxito, lo que reduce el riesgo de cometer errores costosos.

- **Marca Reconocida:** La mayoría de las franquicias son marcas conocidas, lo que puede ayudar a atraer a los clientes desde el primer día. No tienes que empezar desde cero para construir una reputación de marca.

- **Soporte Continuo:** Los franquiciadores suelen ofrecer capacitación y apoyo continuo a los franquiciados. Esto puede incluir formación, asistencia en marketing y acceso a recursos compartidos.

- **Independencia Empresarial:** A pesar de seguir el modelo de negocio de la franquicia, los franquiciados tienen cierta independencia empresarial. Pueden tomar decisiones operativas y gestionar su unidad de acuerdo a las directrices del franquiciador.

- **Red de Franquicias:** Formarás parte de una red de franquicias que pueden ofrecer oportunidades de colaboración y aprendizaje mutuo. Esto puede ser valioso para el crecimiento de tu negocio.

Consideraciones Importantes

Si bien las franquicias ofrecen muchas ventajas, también hay consideraciones clave a tener en cuenta:

- **Costos Iniciales:** Comprar una franquicia implica tarifas iniciales y regalías continuas. Asegúrate de entender estos costos antes de invertir.

- **Contrato de Franquicia:** Lee detenidamente el contrato de franquicia y asegúrate de comprender todos los términos y condiciones antes de firmar.

- **Ubicación:** La ubicación de tu franquicia es crucial para su éxito. Asegúrate de investigar y elegir una ubicación estratégica.

- **Competencia Local:** Comprende a tu competencia local y cómo te diferenciarás de ellos.

- **Dedicación:** Aunque las franquicias ofrecen un modelo probado, aún requieren tiempo, esfuerzo y dedicación para tener éxito.

Las franquicias son una forma sólida de invertir en un negocio, especialmente si deseas minimizar riesgos y aprovechar una marca y un modelo de negocio establecidos.

Sin embargo, como con cualquier inversión, es importante investigar y planificar cuidadosamente antes de dar el paso.

PARTE V:
INGRESOS A PEQUEÑA ESCALA

13.
VENTAS DE ARTÍCULOS USADOS

En un mundo donde la sostenibilidad y la economía circular son cada vez más importantes, la venta de artículos usados se ha convertido en una oportunidad lucrativa. Si tienes artículos en buen estado que ya no necesitas, estás sentado sobre un tesoro que podría generar ingresos adicionales.

Exploraremos cómo puedes comenzar a vender artículos usados y sacar provecho de esta práctica cada vez más popular.

El Auge de la Venta de Artículos Usados

La venta de artículos usados ha experimentado un crecimiento significativo en los últimos años, y hay varias razones para ello:

- **Sostenibilidad:** La compra de artículos usados ayuda a reducir la demanda de nuevos productos y, por lo tanto, disminuye la huella ambiental.

- **Ahorro de Dinero:** Los compradores pueden obtener artículos de alta calidad a precios significativamente más bajos que los productos nuevos.

- **Generación de Ingresos:** Para los vendedores, la venta de artículos usados es una forma efectiva de ganar dinero extra y deshacerse de cosas que ya no necesitan.

Pasos para Comenzar

Si estás interesado en comenzar a vender artículos usados, aquí hay algunos pasos clave a seguir:

- **Selección de Artículos:** Identifica los artículos que deseas vender. Pueden ser desde ropa y muebles hasta dispositivos electrónicos y juguetes. La clave es que estén en buen estado.

- **Limpieza y Reparación:** Antes de poner a la venta tus artículos, asegúrate de limpiarlos y, si es necesario, hacer reparaciones menores para que luzcan lo mejor posible.

- **Fotografía de Calidad:** Toma fotos de alta calidad de los artículos. Una buena imagen puede marcar la diferencia en la decisión de compra.

- **Fijación de Precios:** Investiga el valor de mercado de los artículos usados similares para establecer precios competitivos.

- **Plataformas de Venta:** Elige dónde deseas vender tus artículos. Las opciones incluyen plataformas en línea como eBay, MercadoLibre, Wallapop, así como mercados locales, ferias de garage y grupos de redes sociales.

- **Descripciones Detalladas:** Proporciona descripciones precisas y detalladas de tus artículos, incluyendo su estado y cualquier defecto.

- **Negociación y Entrega:** Prepárate para la negociación con compradores interesados. Además, establece opciones de entrega o envío seguras.

Consejos para el Éxito

Para tener éxito en la venta de artículos usados, considera los siguientes consejos:

- **Mantén la Honestidad:** Sé honesto sobre el estado de tus artículos. La confianza es clave en las transacciones en línea.

- **Responde Rápidamente:** Responde rápidamente a las consultas de los compradores para mantener su interés.

- **Promoción Efectiva:** Utiliza buenas prácticas de marketing, como palabras clave relevantes y títulos llamativos.

- **Empaque Cuidadosamente:** Asegúrate de que los artículos estén bien empaquetados para evitar daños durante el envío.

- **Sigue las Normativas Fiscales:** Dependiendo de la cantidad de ventas, es posible que debas informar sobre tus ingresos y pagar impuestos.

La venta de artículos usados no solo te permite ganar dinero extra, sino que también contribuye a la sostenibilidad al extender la vida útil de los productos.

Si tienes cosas que ya no necesitas, considera la posibilidad de convertirlas en ingresos adicionales a través de esta práctica cada vez más popular.

Revisa tus Pertenencias: Oro en lo Cotidiano

A menudo, pasamos por alto tesoros que están ocultos en lo cotidiano. El oro, en forma de objetos que ya poseemos, puede ser una fuente inesperada de ingresos.

En este subcapítulo, exploraremos cómo tus pertenencias pueden convertirse en una inversión que aporte un valor significativo a tus finanzas personales.

El Potencial Oculto en tus Pertenencias

Tu hogar podría albergar elementos que poseen un valor en el mercado, y quizás aún no lo sabes. Desde joyas olvidadas en un cajón hasta antigüedades familiares, aquí hay algunos ejemplos de lo que podrías tener:

- **Joyas de Oro:** Collares, anillos, pulseras u otros objetos de oro que hayan estado almacenados y olvidados.

- **Antigüedades:** Muebles antiguos, porcelana, cubertería o cualquier objeto que sea una antigüedad.

- **Objetos de Colección:** Monedas, sellos, figuras de acción y otros objetos de colección pueden tener un valor significativo para coleccionistas.

- **Instrumentos Musicales:** Si tienes instrumentos musicales que ya no utilizas, podrían ser vendidos a músicos aficionados o coleccionistas.

- **Electrónicos Antiguos:** Antiguos dispositivos electrónicos, como cámaras, radios o videojuegos, pueden ser valiosos para los entusiastas de la tecnología vintage.

Pasos para Descubrir el Valor

Si deseas explorar el valor oculto en tus pertenencias, sigue estos pasos:

- **Investigación:** Investiga en línea para obtener una idea aproximada del valor de los objetos que posees. Sitios web de subastas y ventas en línea pueden proporcionar pistas.

- **Evaluación Profesional:** En algunos casos, es posible que desees obtener una evaluación profesional para objetos de alto valor, como joyas o antigüedades.

- **Limpieza y Mantenimiento:** Asegúrate de que los objetos estén limpios y en buen estado antes de venderlos.

- **Plataformas de Venta:** Decide dónde deseas vender tus pertenencias. Esto podría incluir sitios web de subastas, mercados en línea, ferias de antigüedades o tiendas de consignación.

- **Negociación:** Prepárate para negociar con compradores interesados. Puede que deseen regatear, así que ten un precio base en mente.

Beneficios de Vender tus Pertenencias

La venta de objetos que ya no necesitas no solo libera espacio en tu hogar, sino que también puede brindarte beneficios financieros:

- **Ingresos Extra:** Los fondos que obtengas de la venta de tus pertenencias pueden destinarse a ahorrar, invertir o pagar deudas.

- **Despeje de Espacio:** Eliminar objetos innecesarios reduce el desorden en tu hogar y te brinda un espacio más limpio y organizado.

- **Sostenibilidad:** Al permitir que otros disfruten de tus objetos antiguos, contribuyes a la reutilización y la sostenibilidad.

Así que, antes de deshacerte de tus pertenencias, tómate un momento para investigar y descubrir si estás sentado sobre una mina de oro en lo cotidiano.

¡Podrías estar a punto de transformar objetos olvidados en valiosos activos financieros!

Compra, Restaura y Revende: Ingresos de las Segundas Oportunidades

Esta estrategia de generación de ingresos es una oportunidad fascinante para quienes disfrutan de la restauración y la reventa de artículos.

¿Alguna vez has paseado por un mercado de pulgas o una tienda de segunda mano y has encontrado un tesoro escondido que solo necesita un poco de amor y atención? Si es así, estás en el camino de descubrir una fuente de ingresos emocionante.

Cómo Funciona

La idea es simple: **comprar objetos usados que necesitan reparaciones o restauraciones a bajo costo, llevar a cabo esas mejoras y luego revenderlos a un precio más alto.** Esta práctica no solo te brinda la oportunidad de obtener ganancias, sino que también contribuye a la reutilización y la sostenibilidad.

A continuación, te explicamos los pasos clave para comenzar:

- **Identifica un Nicho:** Comienza por elegir un nicho en el que tengas interés y conocimiento. Podría ser la restauración de muebles, la reparación de electrodomésticos, la renovación de bicicletas, la actualización de dispositivos electrónicos u otros objetos.

- **Búsqueda de Tesoros:** Explora tiendas de segunda mano, mercados de pulgas, ventas de garaje y sitios web de venta de artículos usados para encontrar objetos que necesitan trabajo.

- **Evaluación:** Una vez que encuentres un artículo interesante, evalúa su estado y determina cuánto trabajo necesita y cuánto costará en tiempo y materiales.

- **Restauración o Reparación:** Realiza las reparaciones necesarias o la restauración del objeto. Esto podría implicar pintura, reparación de piezas, limpieza, reemplazo de componentes y más.

- **Precio Justo:** Investiga el mercado para determinar un precio de venta justo. Ten en cuenta el costo de los materiales, el tiempo dedicado y el potencial de ganancia.

- **Venta:** Publica tus objetos restaurados en línea o véndelos en mercados locales. Asegúrate de destacar las mejoras que has realizado.

Ejemplos de Artículos para Comprar, Restaurar y Revender

- **Muebles Antiguos:** Restaura sillas, mesas, armarios u otros muebles antiguos.

- **Electrodomésticos:** Repara electrodomésticos como lavadoras, secadoras, refrigeradores o estufas.

- **Bicicletas:** Actualiza bicicletas usadas con nuevas piezas y una limpieza a fondo.

- **Electrónica:** Arregla teléfonos antiguos, consolas de videojuegos o dispositivos electrónicos.

- **Instrumentos Musicales:** Restaura guitarras, pianos o instrumentos de viento.

Beneficios de esta Estrategia

- **Dinero Extra:** Con cada objeto restaurado y revendido, ganarás dinero extra que puedes utilizar para alcanzar tus metas financieras.

- **Desarrollo de Habilidades:** Aprenderás nuevas habilidades de reparación y restauración, lo que puede ser útil en otros aspectos de tu vida.

- **Sostenibilidad:** Al dar nueva vida a objetos antiguos, contribuyes a la sostenibilidad y reduces la cantidad de residuos.

- **Pasión Convertida en Negocio:** Si disfrutas del proceso de restauración, este enfoque puede ser más que una fuente de ingresos; podría convertirse en una pasión y un negocio a tiempo completo.

Así que, la próxima vez que encuentres un artículo antiguo o usado que necesite amor y atención, considera si podrías transformarlo en una oportunidad de ingresos emocionante. Comprar, restaurar y revender no solo es financieramente gratificante, sino que también es una forma de preservar la historia y el valor de los objetos.

Ventas por Redes Sociales: Tu Tienda Virtual de Artículos Usados

Vender artículos usados en línea se ha convertido en una forma efectiva de ganar dinero y liberar espacio en tu hogar. Las redes sociales, como Facebook, Instagram y TikTok, ofrecen una plataforma ideal para crear tu propia tienda virtual y llegar a una audiencia global. En este capítulo, exploraremos cómo puedes transformar artículos que ya no necesitas en ingresos adicionales a través de la venta en redes sociales.

¿Por Qué Optar por una Tienda Virtual de Artículos Usados en Redes Sociales?

Antes de sumergirnos en los detalles, es importante entender por qué las redes sociales son un entorno propicio para vender artículos usados:

- **Amplia Audiencia:** Las redes sociales tienen miles de millones de usuarios en todo el mundo. Esto significa que tienes acceso a una audiencia vasta e internacional para tus productos usados.

- **Interacción Directa:** Puedes interactuar directamente con tus compradores. Responde preguntas, proporciona información adicional y establece una relación con tus clientes potenciales.

- **Facilidad de Uso:** La mayoría de las plataformas de redes sociales hacen que sea sencillo configurar una tienda virtual. Puedes cargar fotos, descripciones y precios con facilidad.
- **Costo Mínimo:** En comparación con otros métodos de venta en línea, la creación de una tienda virtual en redes sociales suele ser económica. Puedes comenzar sin una inversión significativa.

Pasos para Crear tu Tienda Virtual de Artículos Usados en Redes Sociales

- **Elije la Plataforma Adecuada:** Selecciona la plataforma de redes sociales que mejor se adapte a tus necesidades. Instagram es excelente para productos visuales, mientras que Facebook ofrece funciones de venta directa.

- **Clasifica y Fotografía tus Artículos:** Antes de listar tus artículos, organízalos y toma fotografías de alta calidad. Asegúrate de capturar los detalles y condiciones de los productos.

- **Escribe Descripciones Detalladas:** Cada artículo debe tener una descripción detallada que incluya su historia, condición y cualquier defecto menor. La honestidad es clave para ganar la confianza de tus compradores.

- **Establece Precios Razonables:** Investiga el mercado y establece precios justos. No olvides que estás vendiendo artículos usados y que los compradores esperan ofertas atractivas.

- **Configura tu Tienda:** En las plataformas de redes sociales, puedes configurar una sección de compras.

Asegúrate de habilitar esta función y cargar tus artículos allí.

- **Publica Regularmente:** Mantén a tu audiencia comprometida publicando regularmente. Comparte tus productos y promociones, pero también contenido relevante para tu nicho.

- **Interactúa con los Compradores:** Responde rápidamente a las preguntas y mensajes de los compradores. La interacción es fundamental para construir relaciones sólidas con tus clientes.

- **Usa Publicidad Dirigida:** Considera utilizar herramientas de publicidad en las redes sociales para llegar a una audiencia más amplia y específica.

- **Sigue tus Métricas:** Utiliza las métricas proporcionadas por las redes sociales para evaluar el desempeño de tu tienda. Observa las tasas de conversión, el alcance y la interacción.

Gana Dinero con Artículos Usados en Redes Sociales

Vender artículos usados en redes sociales no solo te permite liberar espacio y ganar dinero, sino que también contribuye a la sostenibilidad y a la economía circular. En lugar de desechar artículos que aún tienen vida útil, puedes ofrecerlos a alguien que los necesite.

14.
PUBLICA TUS PROPIOS LIBROS

Escribir y publicar tus propios libros es una forma apasionante y gratificante de generar ingresos pasivos. En este último capítulo, exploraremos cómo puedes convertirte en un autor independiente y compartir tus conocimientos, historias o experiencias con el mundo.

La autopublicación ha revolucionado la industria editorial y te brinda la oportunidad de tener el control total de tu obra.

Pasos para Publicar tus Propios Libros

- **Escribe tu Libro:** Lo primero es lo obvio, pero también lo más importante. Dedica tiempo y esfuerzo a escribir un libro que sea valioso y atractivo para tus lectores. Esto puede ser una novela, un libro de no ficción, una guía o cualquier otro género que te apasione.

- **Edición y Revisión:** Una vez que termines de escribir, es fundamental editar y revisar tu obra. Puedes hacerlo tú mismo o contratar a un editor profesional para garantizar que tu libro sea de la más alta calidad.

- **Diseño de Portada:** La portada es la primera impresión que los lectores tendrán de tu libro. Invierte en un diseño de portada atractivo que se destaque y refleje el contenido de tu obra.

- **Formato del Libro:** Debes formatear tu libro para que sea legible en dispositivos electrónicos y en formato impreso. Hay muchas herramientas y servicios que pueden ayudarte con esto.

- **ISBN y Derechos de Autor:** Obtén un ISBN para tu libro si planeas venderlo en librerías y tiendas en línea. Además, considera registrar tus derechos de autor para proteger tu obra.

- **Plataformas de Publicación:** Hay varias plataformas de autopublicación, como Amazon Kindle Direct Publishing, Apple Books, Kobo, y muchas otras. Investiga cuál es la mejor para tu libro y comienza a publicar.

- **Promoción:** La promoción es clave para que tu libro alcance a tus lectores. Utiliza las redes sociales, tu sitio web y otras estrategias de marketing para dar a conocer tu obra.

- **Ventas y Distribución:** Configura tus precios y estrategias de venta. Decide si deseas que tu libro esté disponible solo en línea o también en formato impreso.

- **Recopila Reseñas:** Las reseñas de los lectores son valiosas. Anima a tus primeros lectores a dejar reseñas honestas de tu libro.

Gana Dinero con tus Libros

Una vez que hayas publicado tu libro, tendrás la oportunidad de ganar dinero a través de las ventas. Dependiendo de tus esfuerzos de promoción y la calidad de tu obra, los ingresos pueden variar. Pero lo más importante es que habrás cumplido tu objetivo de convertirte en autor y compartir tu mensaje con el mundo.

Publicar tus propios libros es una forma de ingresos pasivos que no solo te brinda beneficios económicos, sino también la satisfacción de ver tu trabajo impreso y compartido con los demás.

Amazon KDP: Tu Pasaporte a la Publicación

Amazon Kindle Direct Publishing, o KDP, es una de las plataformas de autopublicación más populares y accesibles para los autores independientes.

Con millones de lectores en todo el mundo que utilizan dispositivos Kindle, publicar en Amazon KDP te brinda una audiencia global y la oportunidad de ganar dinero con tus escritos.

Aquí te mostraremos cómo funciona y cómo puedes utilizarlo para publicar tus libros de manera efectiva.

1. Crear una Cuenta de Autor en Amazon KDP
El primer paso es crear una cuenta de autor en Amazon KDP. Si ya tienes una cuenta de Amazon, puedes usarla para acceder a KDP. De lo contrario, necesitarás registrarte. Luego, completa tu perfil de autor, incluyendo una foto y una breve biografía que se mostrará en la página de tu libro.

2. Preparar tu Libro
Amazon KDP acepta libros en formato digital, como eBooks, y libros en formato impreso. Asegúrate de que tu libro esté formateado correctamente según las pautas de Amazon. Puedes cargar tus archivos en formatos como MOBI para

eBooks y PDF para libros impresos.

3. Configurar los Detalles de tu Libro
Debes proporcionar detalles esenciales sobre tu libro, como el título, la descripción, las palabras clave y la categoría. La elección de palabras clave y categorías adecuadas ayudará a que los lectores encuentren tu libro.

4. Establecer el Precio
Tienes control total sobre el precio de tu libro. Puedes optar por ofertas especiales, como promociones temporales o la inclusión en el programa Kindle Unlimited. Amazon te proporcionará una estructura de regalías, y puedes establecer el precio en consecuencia.

5. Elegir Opciones de Publicación
Amazon KDP te permite decidir si deseas publicar exclusivamente en Kindle o si también deseas distribuir tu libro en otras plataformas. La elección de la exclusividad te permite acceder a programas adicionales, como Kindle Unlimited y Kindle Owners' Lending Library.

6. Revisar y Publicar
Antes de publicar tu libro, asegúrate de revisar todos los detalles cuidadosamente. Amazon KDP te brindará herramientas de vista previa para que veas cómo se verá tu libro en diferentes dispositivos. Una vez que estés satisfecho, presiona el botón "Publicar".

7. Promoción y Marketing
La publicación en Amazon KDP es solo el comienzo. Para que tu libro tenga éxito, deberás invertir tiempo en la promoción y el marketing. Utiliza las herramientas de promoción de Amazon, como las ofertas Kindle Countdown Deals y las promociones gratuitas. También puedes aprovechar las redes sociales, tu sitio web y otras estrategias de marketing.

Gana Regalías por tus Ventas

Una vez que tu libro esté en Amazon, ganarás regalías por cada copia vendida. Las regalías varían según el precio de tu libro, la exclusividad de la publicación y otros factores. Amazon KDP te proporcionará informes de ventas para que puedas realizar un seguimiento de tu desempeño.

Publicar en Amazon KDP es una excelente manera de llevar tus escritos al mundo y ganar dinero con tus libros. Con la audiencia global de Amazon, puedes llegar a lectores de todo el mundo y convertirte en un autor independiente exitoso. ¡Así que no esperes más y comienza a publicar tus libros en Amazon KDP!

Draft2Digital y Otras Opciones: Llega a Audiencias Globales

Amazon KDP no es la única plataforma de autopublicación en línea disponible. Si deseas ampliar aún más tu alcance y llegar a audiencias globales, considera utilizar servicios como Draft2Digital y otras opciones que te permiten distribuir tus libros electrónicos en múltiples tiendas en línea.

1. Draft2Digital: Facilidad y Distribución Global

Draft2Digital es una plataforma que facilita la publicación de libros electrónicos en varias tiendas en línea, incluyendo Amazon Kindle, Apple Books, Barnes & Noble, Kobo y muchas otras. La ventaja de Draft2Digital es que simplifica el proceso de publicación, lo que te ahorra tiempo y esfuerzo.

También ofrece opciones de distribución internacional, lo que significa que tu libro puede estar disponible en todo el mundo.

2. Smashwords: Distribución a Bibliotecas y Minoristas

Smashwords es otra plataforma de autopublicación que se enfoca en la distribución global. Al publicar en Smashwords, puedes llegar a tiendas en línea, bibliotecas y minoristas de libros electrónicos en todo el mundo. Ofrece una amplia gama de formatos de libro electrónico y te permite establecer el precio de tu libro y las regalías que deseas recibir.

3. PublishDrive: Distribución en Librerías en Línea y Más

PublishDrive es una plataforma de distribución de libros electrónicos que se centra en la expansión global. Te permite distribuir tu libro en una amplia red de librerías en línea y minoristas, incluyendo tiendas internacionales. Además, ofrece herramientas de marketing y análisis para ayudarte a llegar a una audiencia más amplia.

4. StreetLib: Acceso a Mercados Globales

StreetLib es una plataforma que te brinda acceso a mercados globales, incluyendo Europa y América del Norte. Te permite distribuir tus libros electrónicos en una variedad de tiendas en línea y plataformas de bibliotecas, lo que amplía tu alcance a nivel mundial.

5. Agregadores de Distribución: Simplificando la Publicación

Además de estas plataformas, existen agregadores de distribución que pueden llevar tus libros electrónicos a múltiples tiendas y bibliotecas en línea. Algunos ejemplos de agregadores son BookBaby, Pronoun y eBook Partnership. Estos servicios se encargan de la distribución global y pueden ser especialmente útiles si deseas llegar a audiencias en todo el mundo.

Elige la Mejor Opción para tu Libro

Cuando decidas publicar en múltiples tiendas en línea y llegar a audiencias globales, evalúa cuidadosamente las diferentes opciones disponibles. Cada plataforma tiene sus propias ventajas y consideraciones. Asegúrate de revisar los términos y condiciones, las tarifas y las regalías que ofrecen antes de tomar una decisión. Con la elección adecuada, podrás ampliar tu alcance y llegar a lectores en todo el mundo..

CONCLUSIÓN: TU VIAJE HACIA LA LIBERTAD FINANCIERA

En este viaje que has emprendido a través de las páginas de este libro, has descubierto los secretos para construir tus fuentes de ingresos pasivos y, en última instancia, alcanzar la tan anhelada libertad financiera. La riqueza y la independencia financiera no son sueños inalcanzables, sino metas tangibles que puedes lograr con la orientación y el conocimiento adecuados.

La comprensión de la diferencia entre activos y pasivos se ha convertido en un pilar fundamental en tu camino hacia el éxito financiero. Ahora sabes que los activos generan dinero, mientras que los pasivos representan costos. Esta simple distinción te ha permitido enfocarte en la adquisición de activos que te proporcionarán ingresos constantes, liberándote de la dependencia de un empleo tradicional.

Hemos explorado una amplia variedad de activos, desde instrumentos financieros como acciones y bonos, hasta bienes raíces que ofrecen ingresos mensuales sólidos. Además, has aprendido a aprovechar el poder de la tecnología y la creatividad al crear tu blog personal, podcast, videos y cursos en línea. Estas opciones te brindan la libertad de compartir tu conocimiento y pasión mientras generas ingresos.

También has descubierto el mundo de las aplicaciones y la propiedad intelectual, donde la innovación y la protección de tus creaciones pueden impulsar tu prosperidad financiera. La creación de redes de contactos, la educación continua y la mentalidad del éxito se han convertido en tus aliados en este viaje.

Finalmente, hemos desvelado el secreto mejor guardado de aquellos que han alcanzado la cima de la pirámide financiera: la creación de múltiples fuentes de ingresos. La diversificación inteligente te permite reducir el riesgo y maximizar las oportunidades de crecimiento.

Ahora, tu misión es poner en práctica lo aprendido. Toma acción de inmediato. Adquiere activos, crea contenido, protege tu propiedad intelectual y aprovecha las redes de contactos. No permitas que la complacencia o el miedo te detengan en tu camino hacia la libertad financiera.

Recuerda que cada pequeño paso que tomes te acercará más a tu objetivo. La independencia financiera es un proceso, y estás en el camino correcto. A medida que construyas tus fuentes de ingresos pasivos, encontrarás una sensación de seguridad y libertad que pocos alcanzan.

Así que, ¡prepárate para una vida sin límites! La libertad financiera está a tu alcance, y este libro ha sido tu guía. En tu viaje, nunca estás solo, y cada logro te acercará a la vida que siempre soñaste. ¡Adelante y conquista tu futuro financiero!

www.ingramcontent.com/pod-product-compliance
Lightning Source LLC
Chambersburg PA
CBHW072210290526

45794CB00004B/1710